그것은 쿠데타였다

흔들리는 헌법,
윤석열과 정치검찰

그것은
쿠데타였다

이성윤 지음

오
마 이
북

역사의 진보를 믿으며

'생거진천(生居鎭川) 사거용인(死居龍仁)'이라 했다. 죽어서는 용인에 묻히면 좋지만 살기에는 진천이 그만이라고 칭송들을 한다. 법무연수원이 넓게 자리 잡은 진천 땅에 내려와 연구위원이라는 직함을 달고 있자니 흘러가는 구름 사이로 드러난 가을하늘이 몹시도 공허했다. 〈애국가〉에 나오는 공활한 가을을 실감하는 날에는 옛 사람들의 위리안치(圍籬安置)된 유배생활의 쓸쓸함과 삶의 무상함이 더욱 짙어졌다. 내게 진천은 결코 살기 편한 명당이 아니었다. 결국 나는 2024년 1월 사직서를 냈다. 그러나 정권을 쥔 자들이 걸어오는 징계나 수사 때문에 퇴직도 마음대로 못 하는 처지다.

돌아볼수록 원통한 검찰개혁의 실패는 온종일 내 머릿속을 맴돌며 정신을 어지럽힌다. 촛불로 점화되었던 개혁의지가 어디서부터 잘못되었고 방해요인은 무엇이었으며 세월의 힘을 얻어서라도 기어이 개혁의 완성을 볼 길은 없겠는지. 질병의 원인을 모르고 처방을 내릴 수 없듯이, 역사의 진보는 철저한 자기반성 위에 싹을 틔워 한 걸음씩 나아감을 믿기로 했다.

하여 나는 너무 거창한 담론보다는 기억이 닿는 나의 어린 시절부터 성장 과정 그리고 서른 해 가까운 검사생활을 거쳐 지금에 이르기까지, 먼지 쌓인 일기장을 펼치듯 지나온 세월을 되짚어본다. 별로 자랑스러울 것 없는 가족사와 소중히 키워온 아내와의 러브스토리도 앨범에 사진 붙이듯 꼼꼼하게 적어보기로 했다.

가까이 지내는 선배 소설가는 책을 써보겠다는 내게 이렇게 충고했다. "글을 써서 책을 내는 일은 백주에 발가벗고 대로에서 달리는 행위와 같다." 마음이 무거워지고 한편으로 두렵기도 하다. 세상의 눈앞에 내장을 꺼내 보일 각오로 검사생활 후반전을 부끄럽지 않게 마무리하자니 이렇게라도 진실을 마주하는 용기를 짜내야 할 성싶다.

가난에 찌든 시골마을에서 끼니걱정을 하던 어린 시절에는 사는 이유도 단순했다. 대처(大處)로 나가 호구지책을 마련하기 위한 이른바 출세만이 당면 목표였다. 어쩌다 보니 나는 여덟 남매 중 유일하게 고등학교를 졸업한 인물이 되어 있었다. 장학금이 아니면 대학 문턱을 밟지 못할 형편이라 도움을 약속하는 경희대학교 법대를 선택했다.

문재인 정부가 들어서고 한참이 지날 때까지도 검찰개혁의 깃발은 오르지 못했고 나는 대통령과 특수관계라는 소문에 시달려야 했다. 법무부로 차출되어 일중독에 허우적대던 시절에는 물론이거니와 그 뒤로도 그분과의 개인적 접촉은 없었다. 황태자라든지 그 덕에 벼락출세를 했다는 등의 세평에는 헛웃음이 나온다. 능력을 인정받았다거나 차라리 운이 좋았다고 하면 수긍할 용의도 없지 않다. 하지만 내가 정말 운이 좋았다면 적어도 지금과 같은 신세는 아닐 것이다. 어쩌다 보니 그분과 같은 대학의 졸업생이 된 사실은 부인하지 않는다. 공과에 대한 평가는 엇갈리겠지만 인간적으로 그분을 존경하는 마음에 변함이 없으니 그런 것을 특별한 인연이라고 한다면 고맙게 인정한다.

문재인 전 대통령은 형식적 민주주의를 유난히 강조한 분이었다. 튼튼한 그릇을 만들어두면 내용물이 새어나가지 않

그것은 쿠데타였다

는다는 믿음이었을 것이다. 몇 번의 기회가 있었음에도 검찰총장을 내치지 않고 임기를 지켜주려고 애쓴 결과는 나에게도 절망이었다. 민주주의라는 소중한 그릇이 산산조각 나리라고는 국정의 책임자로서 미처 예상하지 못했던 듯하다.

한 나라의 최고 권좌는 하늘에서 내린다고 했던가. 그 자리를 지키는 것도 사람의 의지만으로 되는 일은 아니다 싶다. 적폐청산과 개혁에 온 힘을 쏟던 2020년 1월, 전 지구를 덮친 코로나19가 대한민국을 시험에 들게 했다. 온 국민이 질서를 지켜 슬기롭게 대처한 덕분에 문재인 정부가 세계적 찬사를 받은 것도 잠시였다. 역병으로 인한 경제 침체를 우려한 미국발 저금리와 양적완화의 위력이 이윽고 부동산 시장에서 잠자던 거인을 깨웠다. 자고 나면 오르는 집값을 통제하기에는 정부가 무력했고 무능했다.

그 난국에 가라앉는 배의 바닥에 구멍을 낸 자가 있었다. 그는 검찰개혁을 선언한 법무부 장관과 그 가족에게 칼끝을 겨누었다. 살아 있는 권력을 수사한다는 명분이 그럴듯했으므로 청와대는 검찰주의자의 속내를 제대로 파악하지 못했다. '충성을 가장한 역모와 역모를 닮은 충성' 사이에서 혼란스러워하는 기색이 역력했다. 이른바 '살권수(살아 있는 권력에 대한 수사)'라는 명분으로 자신을 믿어준 대통령을 속여가며

서문

법전을 갑옷 삼아 주도면밀하게 반역을 진행시킨 법비(法匪)들을 막아내기에는 역부족이었다.

혹자는 나에게 그 자리에 있을 때 왜 화끈하게 정리하지 못했느냐고 원망을 한다. 이 책에 자세한 경위를 기술했지만 법무부 검찰국장에 임명된 나 자신도 몹시 당황한 사건이 있었다. 법무부 검찰국장이라는 자리는 개혁의 선봉에 서서 검찰 조직에 영향력을 미칠 수 있는 위치임에도 손발을 맞춰 함께 일할 다섯 명의 과장급마저 내가 선택할 수 없었다. 첫 출근날 나는 밀봉된 서류봉투를 받았다. 그 안에는 이미 인사절차가 완료된 결과물이 들어 있었다. 내가 임명되기도 전에 누군가 서둘러 장관과 대통령의 결재까지 받아놓은 조치였으므로 내가 휘하 간부들의 인사에 의견을 내기에는 한 발 늦은 상황이었다. 그야말로 개혁을 거부하는 세력이 짜놓은 각본이었고 장애물이었다. 나는 인의 장막에 철저히 고립되었다. 개혁 열차는 자주 멈춰 섰고, 동승할 티켓마저 얻지 못한 나는 허무한 주먹만 휘두르다 종국에는 가슴을 치는 무력감에 시달려야 했다.

조국 법무부 장관이 조기에 물러나는 바람에 새로이 지휘봉을 잡은 추미애 장관이 검찰개혁의 기치를 다시금 올려보려 했지만 약발이 제대로 먹혀들지 않았다. 보수언론의 지원을 받는 검찰주의자들의 저항 때문이었다. 이른바 검찰 카르텔이 형성된 것이다. 그들은 더욱 공고해진 힘으로 문재인 정권을 수시로 위협하곤 했다.

나는 윤석열 전 검찰총장과 사법연수원 동기다. 그를 가까이서 지켜보았고 30년 가까이 함께 검사 노릇을 했으므로 누구보다 그의 성품과 수사 스타일을 잘 안다. 그는 정치하듯 수사를 했고 몸에 밴 습관대로 현재는 수사하듯 정치를 한다. 정치적 중립이 생명인 검찰의 수장이 살아 있는 권력에 대한 수사를 빙자하여 자신의 직위를 대권 도전의 발판으로 이용한다면 그 자체로 위헌의 소지가 있을 뿐 아니라 잘못된 선례가 되어 국가적 불행을 자초하는 결과로 이어질 것이다. 문재인 정부의 개혁의지에 동참할 듯한 언행으로 임명권자를 기만하고, 개혁을 열망하는 국민들을 배신해 권력을 거머쥔 자의 패악질을 보며 나는 최규하 대통령을 겁박하여 정권을 찬탈한 전두환을 떠올렸다.

이른바 검찰주의는 검찰만능주의에 다름 아니다. '사람에 충성하지 않는다'는, 그리하여 자기들만의 조직에 충성하는 검찰주의자들은 집단이기주의에 빠질 수밖에 없다. 그 결과 국가라는 더 큰 공동체의 이익은 그들의 관심에서 멀어진다. 그들만의 '이권 카르텔'이 형성되는 것이다.

최근에도 그들은 두 명의 전직 대통령을 연달아 감옥에 보내는 막강한 힘을 맛보지 않았는가. 그들은 무소불위의 힘으로 자기들의 입맛에 맞는 정부를 만들어낼 수 있다는 망상에 빠진다. 그 힘의 원천이 국민이며 자기들은 오로지 공복(公僕)일 뿐이라는 헌법상의 기본정신은 까마득히 잊고 산다. 따라서 자기들은 무오류의 집단이며 자기들에 도전하는 자들은 반국가세력이라고 착각하기에 이른다. 법비들의 가소로운 행동이 전두환의 '하나회'의 준동과 매우 닮아 있지 않은가. 그들에게서 조직폭력배의 어두운 그림자를 보는 건 나뿐일까.

윤석열 정부는 후쿠시마 핵오염수를 마셔도 된다며 일본 정부의 대변인 노릇을 자처하더니 급기야는 독립영웅인 홍범도 장군의 동상을 육사에서 치우기에 이르렀다고 한다. 조만간 일본 정부가 눈엣가시로 여기는 위안부 소녀상도 척결의 대상이 되지 않을까.

여기까지는 예측이 그다지 어렵지 않은 이 정부의 미래상이다. 하지만 친일 정부가 급기야 이순신 장군 동상에까지 손을 댈까 봐 나는 두렵다. 친일 정부가 어찌 척일의 상징을 그대로 놔둘 것인가. 이순신은 왜구로 통칭되는 일본인들을 가장 많이 쓸어버린 사람 아닌가. 이런 상상들이 나의 지나친 노파심이길 간절히 바란다. 하지만 용산 대통령실을 아무렇지도 않게 도청하는 미국이 우리의 동해바다를 '일본해'라 명명해도 항의도 못 하는 정부가 마침내 '일본해' 안에 든 독도의 영유권인들 제대로 주장할 것인지 심히 걱정되지 않을 수 없다.

2019년 3월 범죄 의심을 받던 김학의 전 법무부 차관이 공항에서 해외도피를 시도했다. 나는 그의 출국을 막는 일련의 과정에 관여하고 출금 수사를 막았다는 이유로 기소되었으나 1심에서 무죄를 선고받았다. 하지만 현 정권의 검찰은 이미 무죄가 된 사건을 항소하여 나로 하여금 애꿎은 변호사 비용만 거듭 지출하게 만들었다. 그리고 2024년 1월 25일 항소심에서도 무죄가 선고되었다.

'범죄혐의자를 그냥 도피하게 놔두는 게 옳았다는 것이냐'는 비판 여론이 들끓고 순리에 어긋나지 않는 판결이 내려졌음에도 나를 성가시게 하는 시도는 계속되고 있다. 옳고 그름은 제쳐두고 단지 마음에 안 드는 인간 하나를 괴롭히는 게 목적인 듯도 하다. 도대체 말이 되지도 않는 소송과 징계는 이 시간에도 늘어나고 있다.

윤석열 전 총장의 징계 관련 재판에도 나를 또다시 끌어들여 수사를 한다. 내가 서울중앙지검장 시절에 윤 전 총장의 비위와 관련된 수사기록을 법무부에 제출한 게 죄라는 것이다. 법령에 따라 당연히 해야 할 의무였음에도 그것을 죄로 몰아 송사에 옭아맨다면 나는 그 반대의 경우를 따져 물을 수밖에 없다. 만일 그 당시 법무부의 명령에도 보고서 제출을 거부했다면 검사로서 '제 식구 감싸기'에는 성공했을지 몰라도 나는 그야말로 범법자가 되지 않았겠는가. 마침내 나야말로 '살아 있는 권력을 수사한 죄'를 진 검사가 되고 말았다.

정직 2개월에 반발하며 징계를 내린 법무부를 상대로 취소소송을 제기한 윤 전 총장은 되레 '면직에 해당되는 중대 비위'를 저질렀다는 판결문을 받아들었다. 이마에서 콩알만 한 혹을 떼려다가 주먹만 한 혹을 얻어 붙인 꼴이다. 마침내 중대 비위를 저지른 자가 대통령의 자리에 올라앉은 격이 되었다. 그는 1심의 결과에 불복하여 항소를 하였고 정부가 바뀌자 이제는 소송 상대방이 바뀌었다. 원고 윤석열, 피고 추미애에서 원고 윤석열, 피고 한동훈으로 바뀐 것이다. 한동훈 전 검사장과 윤석열 전 총장이 어떤 관계인지는 모든 국민이 다 아는 바다. 그 즉시 나는 한 가지 예언을 했다. "현 법무부는 전 법무부가 이겨놓은 재판을 무슨 수를 써서라도 항소심에서 뒤집으려 애쓸 것이다. 현직 대통령의 아킬레스건이 되어버린 이 소송에서 그가 면죄부를 절실히 원하지 않겠는가. 국민들은 조만간 '패소할 결심'을 드러내는 말도 안 되는 법

그것은 쿠데타였다

무부의 재판 대응을 목도할 판이다"라고. 2023년 12월 19일 2심 선고 결과는 불행히도 나를 족집게 예언자의 반열에 올려주었다.

나는 요즘 들어 부쩍 불면에 시달린다. 눈을 감으면 가족과 함께 머무는 고향집 대문이 벌컥 열린다. 무뢰배들이 가을 국화 만발한 마당으로 뛰어 들어와 정성스레 가꾼 화분들을 구둣발로 걷어차고 가장자리에 피어난 코스모스까지 마구 짓밟는다. 그러고는 신발을 신은 채로 안방까지 쳐들어온다. 장기간 공들여 마련한 세간을 부수고 고운 벽지와 장판을 뜯어내고 오물을 뿌린다. 망치를 휘둘러 유리창을 깨뜨리는 무뢰배들이 제발 기둥만은 건드리지 않기를 바랄 뿐이다. 그러면 다음에라도 뜻있는 사람들이 나서서 쓰레기를 치우고 본래의 골격에 맞추어 집을 새롭게 단장할 수 있지 않을까.

나의 소망이 이루어지길 간절히 기도해본다.

2024년 1월

이성윤

차례

서문 • 역사의 진보를 믿으며 — 004

1부/나는 나의 길을 간다

마음까지 가난하지는 말자 ———————————————— 021

경희대 장학생이 되다 ———————————————————— 031

야학이 맺어준 동지 —————————————————————— 035

딱딱해진 겨울 흙을 뚫고 —————————————————— 039

사법시험에 합격하다 ———————————————————— 043

윤석열을 만나다 ——————————————————————— 046

검찰을 선택한 이유 ————————————————————— 049

2부/검사의 원칙과 소신

폭탄주와 패거리 문화 —————————————— 053

불완전한 존재의 완전하다는 착각 —————————— 055

어떻게 검찰은 괴물이 되었나 —————————————— 062

지우지 못한 사건들, 평범한 검사를 위한 변명 ————— 072

3부/흔들리는 헌법: 윤석열과 정치검찰

그것은 쿠데타였다 ———————————————————— 107

전혀 준비되지 않은 대통령 —————————————— 109

김건희 특검과 윤석열의 내로남불 —————————— 118

"사냥하듯" 사람을 죽이는 수사 ——————————— 125

검찰 특활비, 휘발되는 영수증 ——————————— 129

윤석열 사단의 본질 ————————————————— 133

검찰 인사를 둘러싼 신경전 —————————————— 137

누가 검찰의 황태자인가 ——————————————— 141

"이성윤은 아웃사이더였다" ————————————— 144

선을 넘은 정치 공세 ————————————————— 148

"정말 못 해먹겠네. 당장 기소해" ——————————— 151

둔감력으로 견디다 ————————————————— 158

채널A 사건과 윤석열의 수사방해 —————————— 161

윤석열 징계취소 소송 1심 판결의 의미 ——————— 182

한동훈의 휴대폰 ————————————————— 188

심겨 있는 곳에서 꽃을 피워라 ——————————— 193

최초로 기소된 서울중앙지검장 ——————————— 202

윤석열의 자유민주주의 —————————————— 224

친일인가 무능인가 ———————————————— 229

4부/진실은 달라지지 않는다

정치검사가 되기를 거부한 죄 ——————————— 237

밀봉된 인사안과 왕따 검찰국장 ——————————— 242

내가 지켜본 조국의 진심 ————————————— 247

의연하고 따뜻한 원칙주의자 추미애 ————————— 257

검사의 아내 —————————————————— 262

무죄를 받았는데도 징계를 하겠다니 ————————— 266

김학의와 이성윤을 맞바꿔도 진실은 달라지지 않는다 —— 277

사직서를 내다 ————————————————— 281

5부/진정한 검찰개혁의 길

수사로 보복하는 검사는 깡패다 ——————————— 287

추락한 헌법가치 —————————————————— 290

수사기관의 언론플레이는 피의자를 극단으로 몰고 간다 —— 295

윤석열의 자가당착 ——————————————— 300

검찰정권의 탄생 —————————————————— 304

비리 검사들을 탄핵하라 ———————————— 307

바뀌지 않는다면 차라리 검찰을 없애는 게 낫다 ————— 310

후기 • 아무리 짓밟혀도 꽃을 피우는 야생화처럼 — 326

1부

나는
나의 길을 간다

마음까지 가난하지는 말자

'전라북도 고창군 고수면 초내리 194번지에서 출생. 서기 1971년 4월 25일 부(父) 신고.'

1962년생으로 알려진 나의 호적부(제적부)에 기재된 출생지, 신고일자, 신고자에 관한 내용이다. 요즘은 자녀가 태어나면 부모가 법정기간 이내에 출생신고를 하는 것이 보통이라서 도무지 이해가 안 될 것이다. 출생신고일을 기준으로 보자면, 나는 타임머신을 타고 강산이 한 번 변하기 전으로 되돌아가서 세상 빛을 본 셈이기 때문이다.

나는 딸 둘, 아들 여섯을 둔 부모의 일곱째 아이로 태어났다. 내가 대학교 1학년이 되었을 때 남동생이 사망하는 바람에 졸지에 막내가 되었다. 나중에 어머니에게 자식을 왜 그리 많이 낳았냐고 물었더니 그냥 생기는 대로 낳았다고 했다. 실제로는 내 위로 둘이 더 있었는데 어려서 죽었다는 설명도 덧붙였다. 그 무렵 동네에는 자식 열 명쯤은 보통이었고, 한 집에서 열두 아이가 바글거리기도 했으니 우리 식구가 특별한 것도 아니었다.

출생신고가 안 되어 있음을 알게 된 건 내가 처음으로 생일상을 받은 초등학교 3학년의 어느 날이었다. 하필이면 어머니가 해주신 떡을 허겁지겁 삼키고 급체하는 바람에 난생처음 한약방에 갔고, 배앓이로 며칠간 학교를 결석하게 되었다. 때마침 학적 관련 서류를 정리하던 선생님이 출생신고가 안 되었다는 사실을 알려주었다.

학교에 다니는 아들이 무적자라는 사실을 알게 된 어머니가 어느 날 동네 아주머니들을 소집했고 구수회의가 시작되었다. 그 자리에서 기억의 조각들을 꿰맞추었다. 마침내 '신생아 울음소리를 들은 때가 가을이었으며 나락 추수를 다 끝내고 저녁 먹을 무렵'이었다고 합의를 본 모양이었다. 해서 나는 태어난 지 10년쯤 지나서야 이윽고 이 나라 국민이 되었다. 잃어버린 생일을 찾아낸 과정을 떠올리며 나는 지금도

그것은 쿠데타였다

슬그머니 미소를 짓는다.

동네 형들을 따라 학교에 가서 교실 뒷자리를 지키다가 집에 돌아오곤 하다 보니 그럭저럭 초등학교를 마치게 되었다. 요즘 같으면 어림도 없는 일이지만 반백 년이 지난 그 시절에는 뒤늦은 출생신고가 통용되기도 했던 것이다. 그러다 보니 주민등록상 내 출생일은 바로 위의 형과 넉 달밖에 차이가 나지 않게 되었고, 어머니는 이 점을 미안하게 생각한다면서도 그 당시에 추수 품앗이하던 날짜를 더듬어가며 그날 내가 빛을 보았노라고 거듭 강조했다. 지금도 나는 어머니의 기억을 믿을 수밖에 없다. 영아사망률이 높던 시절이라 부모들은 태어난 자식이 죽지 않고 살아남는 모습을 봐가면서 웬만큼 안심이 될 때쯤에야 뒤늦게 출생신고를 하는 경향이 있었다. 한 해쯤 늦게 신고가 된 동네 또래들에 비하면 생일이 앞당겨진 나는 거의 두 해를 더 산 셈이다. 이것이 축복인지는 좀처럼 판단이 서지 않는다.

나는 외갓집에 대한 추억이 없다. 어머니가 나를 친정에 데리고 간 적이 없기 때문이다. 나중에 이유를 물었더니 몹시도 계면쩍은 얼굴로 '너무 가난한 것이 창피해서'라고 했다. 어머니의 남은 자존심이었나 보다. 어머니는 '집은 가난하지만 마음까지 가난하지는 말자'고 했다. 아들이 기를 못 펴고 지내는 모습이 안타까워 해준 말일 텐데 돌이켜보면 부모로서 제대로 베풀어주지 못해 어지간히 마음이 아팠던 것 같다.

내 아버지는 다리를 저는 장애인이었다. 그런 데다 술을 너무 좋아해서 세상이 휘청거려야 정상이라고 여기는 분이었다. 지독한 가난을 버텨내자니 서리가 내리면 아버지는 고구마부터 챙겼고 겨울에는 온 식구가 그걸로 연명하다시피 했다. 그런데 막상 주렁주렁 낳아놓은 자식들이 걱정되었는지 아침에 일어나면 산과 들을 돌아다니며 풀을 베거나 나무를 해 오곤 했다. 중학교 시절까지 아버지를 따라다니며 생계를 도와야만 했던 나는 고등학교에 진학하면서 마침내 그런 일에서 해방되었다.

내 부모는 무학이었다. 초등학교 시절 아이들의 가정환경을 조사하곤 했는데 부모의 학력을 물을 때면 도망이라도 치고 싶었다. 그래도 나는 "아버지는 한글 해득"이라고 연필로 꾹꾹 눌러 적어냈다. 그 아버지의 살아남은 일곱 자식들 중에 고등학교를 졸업한 사람은 나 하나다. 하여 대학 문턱을 넘은 자도 나뿐이다. 학력미달로 입대조차 못 한 형들과 달리 다섯 형제 중 오로지 나만 군인이 되어보았고 만기를 채워 병장으로 제대했다.

내가 초등학교 고학년이 될 무렵에 형들은 이미 직장을 구

그것은 쿠데타였다

해 대처로 나가 있었다. 그들이 이따금씩 집으로 편지를 보냈다. 나는 글을 모르는 어머니를 대신해서 답장을 썼다. "○○○야 보아라!"로 시작되는 어머니의 구술이 내 손에서 글씨로 변환되었다. 형들뿐 아니라 다른 곳에서 보내온 편지나 통지문도 읽어드리는 대변인 노릇을 하며 어깨를 으쓱하던 기억이 새롭다. 나는 지금도 한글이나 한자를 예쁘게 쓴다. 그 시절에는 나름의 효심이 발동하여 잘 쓰려고 애썼는데 어머니가 자랑스러운 얼굴로 내 글씨를 내려다보던 모습이 지금도 눈에 선하다.

어머니는 그 많은 자식들을 어떻게든 키우려고 애면글면했다. 형들이 일찌감치 서울 등지로 나가는 바람에, 시골집에 남은 나는 새벽에 일어나 어머니를 도와야 했다. 부뚜막에 불을 지피는 것도 내게 맡겨진 일과 중 하나였다. 친구나 다름없는 누렁이가 내 곁에서 부엌을 지키고 있었다.

초등학교를 마치고 성송면에 있는 중학교에 입학하게 되었는데 사립중학교였다. 아침 6시에 출발해서 먼 길을 걸어 등하교를 했다. 동네 몇 개를 지나는 도중에 불량배 형들을 만나는 것이 큰 스트레스였다. 내가 습관적으로 날마다 더 일찍 집을 떠나 더 늦게 돌아온 이유였다. 무장공비가 침투했다는 소식에 일찍 하교를 시켜준 적도 있는데, 동네 건달들이 나타나지 않는 시간대라서 그렇게 반가울 수가 없었다.

중학교 2학년 겨울방학 때 처음으로 고창을 벗어나 대도시를 구경했다. 내가 다니던 시골 중학교의 이사장은 의사였다. 대처로 나가 출세한 그가 자신의 고향땅에 학교를 세운 것이다. 그런 인연으로 그는 학생들을 광주에 있는 자신의 병원 건물로 데려가 숙식을 제공하면서 도시를 경험시켜주었다. 처음 본 광주는 정말 화려했다. 고창은 행정구역상 전라북도에 속하지만 거리상 남쪽으로 가까운 광주로 취업이나 유학을 가는 사람들이 많았다. 하지만 풀을 베며 농사를 돕던 나는 시골에 남아 부농을 이루겠다는 순진한 목표를 세워보기도 했다. 한편으로는 고생하는 어머니 곁을 떠날 엄두를 내지 못한 이유도 있다. 어머니는 내게 농사는 잊어버리고 서울에 가서 공무원을 하라고 입버릇처럼 말했다. 그 당시 가난에 찌든 여느 부모들과 다를 게 없는 소원이었다. 어머니의 머릿속 공무원에는 사람들이 선호하는 판검사도 포함되어 있었을 것이다.

하지만 판검사는 언감생심. 어머니 눈에는 밀주단속 나오는 공무원이나 산감(땔감을 지고 산에서 내려오는 마을 사람들을 단속하던 산림감시원)도 대단해 보였을 것이므로 자신의 아들이 굳이 판검사가 아니어도 만족하지 않았을까 싶다. 밀주단속 나온다는 소문이 돌면 술항아리를 뒷산에 감추고, 나무하는 현장을 덮친 산감에게 싹싹 빌던 경험이 기억 속에 아프게 새겨진 탓이었다. 일본인 지주의 마름에게 시달리던 공포가 여전히 지워지지 않은 시절이었다.

내가 선택한 고등학교는 남쪽 대도시인 광주가 아니었다. 과정은 이렇다. 중학교 졸업이 가까워지자 학교에서는 어려운 가정형편에도 성적이 우수한 학생들을 경북 구미에 있는 공업고등학교에 장학생으로 보내려 했다. 내 경우도 다르지 않아서 교장 선생님이 아버지에게 강력히 제안했고, 그 당시 시골에서 교장의 권유를 거절할 부모는 없었다. 결국 나는 그 학교에 원서를 냈고 아버지를 따라 시험을 보러 갔다. 촌구석을 떠나 먼 길을 향하기는 태어나서 두 번째였다. 시외버스를 타고 고창에서 정읍으로 와서 역전의 여인숙에서 일박, 다시 새벽열차로 대전역으로 이동하여 경상도로 넘어가는 기차로 갈아타고 마침내 구미에 도착했다. 그렇게 입학시험을 마치고 학교를 나서는데 강당에서 학생들이 군대식으로 열을 지어 제식훈련을 받는 모습이 보였다. 강압적인 분위기에서 잔뜩 주눅 든 학생들의 표정이 내 눈을 찔렀다. 매우 이상하고도 충격적인 장면이었다. 이런 학교에 다닐 거라면 차라리 시골에서 농사짓겠다는 생각이 들었다.

집에 돌아와서 나는 학교에 가지 않겠다고 선언했다. 교장 선생님은 나를 그 학교에 꼭 보내야 한다고 내 부모에게도 몇 번씩 힘주어 말했다. 합격하고도 입교를 거부하면 차후에 후배들이 입학을 못 하는 불이익이 생긴다는 이유였다. 그런데 나는 공교롭게도 합격통지를 받았다. 다른 학교에 갈 형편도 못 되니 꼭 그 학교에 가야 한다는 압력이 다시 들어왔다. 그래도 내가 끝내 안 간다고 버티자 새로운 제안이 왔다. 전주고에 합격하면 나의 고집을 용납해주겠다는 거였다. 두 곳에 동시 합격하면 한 곳은 포기할 수밖에 없다는 구실이 필요했던 것이다. 그래서 몇 달 남지 않은 고등학교 입시준비에 돌입했고 다행히 전주고에 합격했다.

그런데 동네 유지 한 분이 어머니에게 능력도 안 되면서 어떻게 전주로 유학을 보낼 것이냐고 비난 섞인 말을 거푸 해대는 바람에 하루는 어머니가 전주 유학을 포기하면 안 되겠냐고 나를 떠보았다. 한숨 쉬는 어머니를 바라보며 나는 어린 마음에도 끓어오르는 화를 견딜 수 없었다. 제 자식도 아닌데 남의 집 일에 간섭하며 내 어머니를 무시하다니. 나는 그 이웃집에 찾아가 사과를 요구하며 언성을 높였다. 어머니가 쫓아와 말리면서 싸움은 끝났지만 걱정을 가장하여 우리 식구를 비난하는 동네 유지들이 꽤 있었다. 지금 생각하면 질투였

그것은 쿠데타였다

다는 생각이 든다.

그렇게 우여곡절을 겪고 전주고에 들어갔지만 당장 숙식을 해결하는 게 문제였다. 다행히 아버지의 노력으로 학교에서 약간 떨어진 전주시 외곽 외딴집에 하숙을 정했다. 군경묘지 근처의 산 중턱이었다. 없는 살림에 어떻게든 아들 하나라도 대학에 보내려는 어머니와 아버지의 눈물겨운 노력으로 그 집에서 다니며 기어이 고등학교를 마쳤다. 지금은 그 하숙집이 절간으로 바뀌어 있다. 나는 한솥밥을 먹은 그 집 식구들과 지금도 연락하고 지낸다. 사춘기 소년을 인격적으로 대해주고 내 어려운 사정도 다독여주었으니 생각할수록 감사할 따름이다.

전주고 2학년 무렵부터 하나뿐인 남동생이 암으로 시름시름 앓게 되었다. 그렇잖아도 어려운 집안 살림에 암환자를 돌보다 보니 설상가상이었다. 그 흔한 과외 한번 받을 수 없었고, 모두가 몰려가는 수학여행에서도 열외였다.

고등학교 3학년 때는 5·18민주화운동이 발발했다. 당시 광주에서 먼저 고교평준화가 실시되는 바람에 그 지역 출신 100여 명이 전주고에 유학하고 있었다. 광주에 부모형제를 두고 온 학우들과 걱정을 나누느라 3학년 전반기가 훌쩍 지나가버렸다. 그러고는 갑자기 대학 본고사가 폐지되었다. 내

신과 학력고사로만 입학하는 새로운 입시제도가 생겨난 것이다. 어쩌겠는가. 새 입시제도에 맞추어 학력고사를 준비할 수밖에. 나는 겨우 시험을 쳤고 예상보다 좋은 성적을 받았다.

경희대 장학생이 되다

서울의 모 대학에 입학원서를 낸 뒤 담임선생님의 호출이 있었다. 학교에 가보니 경희대학교 학생처장이 서울에서 내려와 졸업반 학생들과 면담 중이었다. 그가 자대 입학을 권유하며 내게 제시한 입학조건이 파격적이었다. 대학원까지 6년간 학비 전액 면제에 매월 생활비조로 10만 원을 주겠다고 했다. 그 돈이면 학교 앞 썩 괜찮은 2인 1실의 하숙비로 충분했다. 부모님은 "어떤 학교를 가더라도 자기가 노력하기 나름 아니냐. 집안 형편도 어렵고 동생 병원비 대기도 힘드니 경희대에 가달라"고 했다. 애원조였다. 무엇보다 법대에 들어가면 어머니가 원하는 법조인이 될 수 있다는 막연한 희망이 나를 경희대로 향하게 했다. 내 처지에서 사실상 선택의 여지는 없었다. 경희대 덕분에 법을 배우고 학부는 물론 대학원까지 마치게 되었으니 나는 모교에 진심으로 감사하고 있다.

암세포와 싸우던 동생이 기어이 하늘나라로 갔다. 내가 대학생이 되고 몇 달 지나지 않은 늦은 봄이었다. 엄청난 충격에 한동안 힘든 시간을 보냈다. 어머니의 모습은 차마 곁에서 보기 어려울 정도였다. 자식을 잃은 그 고통을 나는 지금도 쉽게 가늠하지 못한다.

대학교 2학년 시절부터 야학운동에 가담했다. 삼양동, 미아리 일대의 교회에서 운영하는 야학이었다. 뜻을 같이하는 대학생들이 모여 교사가 되었다. 배우러 오는 학생들은 10대 후반부터 많게는 50대까지 다양했다. 가정형편 등 각자의 사정으로 배움의 때를 놓쳐버린 사람들이 알음알음 찾아왔다. 모두들 지구보다 무겁게 내려오는 졸린 눈을 비벼대며 주경야독에 열심이었다. 나를 포함한 다른 교사들도 언니 형님뻘 되는 야학생들을 최선을 다해 가르쳤다.

그러다가 야학연합회 사건으로 된서리를 맞았고, 미아리에서 시작한 야학은 다른 지역으로 장소를 자주 옮기게 되었다. 지은 죄도 없이 외부의 간섭과 감시를 피해 이사를 반복하기

일쑤였다. 서울 외곽 명일동 교회 건물에서도 오래 가지 못했다. 하지만 우리는 곰팡이 피는 값싼 빈 지하실을 빌려서 명줄을 이어나갔다. 그렇게 대학원 입학 무렵까지 밀고 나간 나의 야학운동사는 되새겨볼수록 서글픈 추억으로 가슴 한쪽에 남아 있다.

장학금을 주는 경희대에서는 일정한 기준 이상의 성적을 지속적으로 요구했다. 탈락을 면하려면 부지런히 높은 학점을 유지해야 했다. 하지만 나는 한 글자라도 배우겠다며 멀리서 찾아오는 사람들을 소홀히 할 수 없었다. 낮에는 공장에서 힘들게 일하고 밤에는 지친 몸을 이끌고 야학까지 오는데……. 그러다 보니 대학생활과 병행해야 하는 내 생활리듬이 먼저 무너졌다. 낮에 쪽잠을 자고 저녁에는 야학에서 가르치다 밤늦게 돌아오는 생활이 반복되었다. 가까운 지인은 내 모습을 보고는 독립군 같다고 했다. 속으로는 간첩 같다고 말하고 싶었는지도 모른다. 내가 무슨 일을 하는지 알려주진 않았지만 늦은 밤이나 새벽녘에 들어왔다가 오전에 눈을 붙이고 오후에 외출하곤 했으니 제법 걱정이 된 모양이었다.

이렇게까지 내가 야학운동에 영혼을 갈아 넣은 이유가 있다. 전술했지만 내 부모는 무학자였다. 게다가 그분들이 낳은 자식들도 무학을 대물림받은 처지였다. 넷이나 되는 나의 형들은 남들처럼 군복 한번 입어보길 소원했지만 동사무소에서 예비군통지서를 돌리는 당시의 방위병 자격마저도 얻을 수 없었다. 초등학교도 겨우 다닌 '짧은 가방끈'이 그들의 발목을 잡은 거였다. 비록 장학금을 받아가며 근근이 학업을 지속했지만 형제자매 중에 오직 나 혼자만 대처로 나가 대학원까지 다녔다. 일종의 특혜를 받은 셈이다. 나는 야학운동으로 글을 못 배운 사람들에게 마음의 빚을 갚고 싶었다.

야학이 맺어준 동지

야학을 지속하자니 신경 쓰이는 게 한두 가지가 아니었다. 가끔씩 확인하러 오는 경찰을 따돌리기도 성가신 일이었는데 설상가상으로 야학교사들 사이에 노선투쟁 비슷한 것도 있었다. 생활야학이냐 노동야학이냐, 생선을 주느냐 고기 잡는 법을 가르쳐주느냐 등등 소득도 없는 쳇바퀴 논쟁이 그러했다. 앞에서 언급했듯 야학을 명일동으로 옮겼다가 다시 지하실로 쫓겨난 건 경찰이 건물주에게 시비를 걸어 압력을 행사한 탓이었다. 우리는 책상도 없는 그 지하실에 사과궤짝을 들여놓고 강의를 했다.

그러던 어느 날 공장에 다니던 학생이 바닥에 앉아 있기가 힘들다며 다리를 보여주었다. 손가락으로 종아리를 누르면 쑥 들어가서 좀처럼 회복이 안 되는 상태였다. 각기병인지 심한 부종인지는 의학지식이 부족한 교사들로서는 알 수 없었지만 책상에 앉아서 공부하게 도와주자는 공감대가 형성되었다.

책상 맞출 곳을 백방으로 물색하다가 동료교사의 아버지가 철공소를 운영한다는 사실을 알게 되었다. 그녀는 자신의 아버지에게 사정 이야기를 했고, 그녀의 아버지는 책상을 원가에 제작해주겠다고 했다. 우리의 숙원사업이 한 방에 해결된 셈이다. 그런데 아무리 원가라지만 그 돈을 교사들이나 학생들한테 거둘 형편은 못 되었다. 고민하던 차에 때마침 취업에 성공한 전직 야학교사가 책상 값을 대겠다고 나섰다. 교장을 시켜주는 조건이 붙었다. 대단한 벼슬도 아니고 복잡한 절차가 필요한 문제도 아니어서 교사들은 만장일치로 그를 교장으로 추대했다.

마침내 학생들은 야학에 배달된 책상에 앉아 공부하게 되었다. 그런데 막상 책상 대금을 대기로 한 교장이 실종되었다. 아무리 찾아도 종무소식이었다. 한참이 지난 뒤에 그가 수배 중에 검거되어 구속되었다는 소식이 들려왔다.

그것은 쿠데타였다

책상 대금을 받지 못한 철공소 사장은 화가 날 수밖에. 하는 수 없이 물건을 주문한 내가 철공소를 방문해 머리를 조아리며 사과를 했다. 시간을 좀 주시면 꼭 갚겠다고 약속했지만 그는 좀처럼 화가 풀리지 않는 모양이었다. 좋은 일 한다니 인심을 썼는데 돌아오는 반응이 그 꼴이었으니 그가 실망하는 것도 무리는 아닐 성싶었다. 때마침 그 철공소 사장의 딸인 교사가 초등학교에 취직을 했고 자신의 첫 월급을 몽땅 털었다. 야학교사들이 불신당하는 모습에 전전긍긍하더니 마침내 책상 대금을 그녀가 대신 갚은 것이다. 책상 사건이 그렇게 진정되는 과정에서 우리는 많은 대화를 나눴다. 나의 진심이 전달되었던지 그녀는 나를 벗으로 받아주었고 어느덧 우리는 동지가 되었다.

내가 야학 이야기를 장황하게 여기까지 끌고 온 이유를 독자들은 눈치챘을 것이다. 맞다. 그 교사가 지금의 내 아내이고 두 아이의 엄마다. 그렇게 맺어진 끈끈한 동지애가 아니었더라면 파란만장하고도 험난한 30년 검사생활을 소신 있게 지켜내기 어려웠을 것이다.

검사 시절에도 나는 세상물정에 어두워 죄를 짓게 된 사람들을 종종 만났다. 그들에게 죄가 있다면 오직 못 배운 죄였다. 혹자는 무지가 가장 큰 사회악이라고 주장한다. 그게 악

이라면 상처를 치료하지 못하고 방치한 우리 모두의 죄가 아
닌가.

한 시절 야학에 몰입했던 기억들을 되새겨본다. 이제라도
'못 배운 죄'를 줄여나갈 방도가 없을지 다시 찾아봐야겠다.

딱딱해진 겨울 흙을 뚫고

내가 군대에 입대할 무렵 어머니가 교통사고를 당했다. 타고 있던 시외버스가 언덕 아래로 굴렀고 어머니는 창밖으로 팅겨져 나갔다. 건강이 매우 악화되자 대학생 아들이 걱정되는 모양이었다. 어머니는 "이왕 사귀는 처자가 있으니 결혼을 하는 게 좋겠다"라고 내게 권했다.

그러자면 군대 가기 전에 철공소 사장을 만나 승낙을 받아야 했다. 용기를 내어 장래의 장인을 찾아갔다. 장인은 대뜸 "내가 사기를 많이 당했는데 어음 부도내는 사람들 중에 당신 같은 인간을 많이 봤어" 했다. 우선 직업이 없고, 출신지

역이 마음에 안 든다는 얘기도 했다. 게다가 내가 믿는 특정 종교까지 거론하며 결혼에 반대했다. 그럴수록 딸은 더 완강하게 혼인을 주장했다.

딸이 단식을 하기에 이르자 아버지는 타협안을 내놓았다. 내가 군대라도 다녀오면 혼인을 허락하겠다고 말이다. 그 소식을 전해들은 내 고향집에서도 동의했다. 나는 일단 논산훈련소에 입대했다. 군대생활 27개월 중에 훈련소를 마친 뒤로 나는 편지를 많이 썼다. 한꺼번에 모아서 부친 적도 있었지만, 거의 매일 쓰겠노라는 결심을 고집스럽게 실행에 옮겼다. 휴대폰이 없던 그 당시에는 마음대로 전화를 할 수 있는 형편도 아니어서 틈날 때마다 군생활을 중계하거나 내 마음을 전송한다는 기분으로 편지를 써 두었다.

제대가 가까워지자 장인에게서 호출이 왔다. 다짜고짜 결혼하라는 것이었다. 불감청(不敢請)이나 고소원(固所願)이었으므로 두말없이 그러겠노라고 약속했다. 내가 군대에 있는 동안 아내 혼자서 결혼준비를 해준 덕분에 전역 후 보름 만에 결혼식을 올렸다. 내 결혼식 하객은 대부분 군대에서 알게 된 사람들이었다.

그렇게 결혼은 했지만 나는 가진 게 없었다. 아내의 박봉으로 단칸방을 얻었다. 아내를 책임지고 먹여 살리겠노라 큰소리를 쳐냈으니 뒷감당을 해야 했다. 가족을 먹여 살리는 게 지상 목표였다.

아내와 가족이 되고 처음 마주한 밥상은 저녁식사였다. 평일이라 아내는 출근을 했고 나는 혼자 집에 누워 궁리를 했다. 막막했다. 그래도 첫 번째 먹을거리는 내가 만들어 와야 하지 않겠는가.

일단 집을 나서서 뒷산에 올라갔다. 12월의 날씨에도 양지바른 곳에는 별꽃아재비가 수줍게 피어 있었고, 조금 더 올라가니 겨울 준비를 위해 로제트식물 냉이와 민들레가 바닥에 몸을 잔뜩 움츠리고 있었다. 별꽃아재비를 먹거리로 삼기에는 마땅치 않았고, 나를 경계하듯 쳐다보는 민들레나 냉이는 아직 때가 아니니 봄에 다시 오라는 것 같았다.

산 정상께로 올라갔다. 때마침 겨울 이파리들을 떨어낸 채로 나뭇가지에 줄기만 휘감은 칡넝쿨을 발견했다. 어릴 때 수없이 캐본 경험으로 직감이 발동했다. 뿌리가 튼실하겠구나. 가지고 간 화훼용 삽으로 땅을 파기 시작했다. 딱딱해진 겨울 흙도 내 의지를 이기진 못했다. 이윽고 팔뚝만 한 뿌리가 제 모습을 드러냈다. 서울 근교에 이렇게 튼실한 칡이 있다니……. 한 귀퉁이를 앞니로 물어뜯어 씹어보았다. 암칡의 씁쓰름하고도 달콤한 향이 입속에 퍼졌다. 그래, 이거라도…….

집으로 돌아와 씻어서 먹기 좋은 크기로 잘라두었다. 아내가 퇴근했다. 나는 도마 위의 물건을 내보이며 "이걸로 저녁거리가 되진 못하겠지만 이제부터 남편으로서 최선을 다할게" 하며 아내의 손을 이끌어 식탁에 마주 앉았다. 도시에서 자란 아내는 칡을 생경해하는 듯했으나 군말 없이 나를 따라 입에 넣고 씹어주었다. 고마운 마음에 콧날이 찌릿하고 목구멍이 뻐근했다.

아내가 초등학교 교사로 재직 중이었으니 둘의 목구멍에 거미줄을 칠 정도는 아니었지만 내 어깨에 얹힌 가장의 마음자세는 또 다른 문제였다. 눈 밑이 붉어진 아내의 얼굴을 뒤로하고 밖으로 나가 담배를 꺼내 물었다. 앞날이 막막하기도 하고, 답답하기도 하고, 책임을 지겠다는 사람이 겨우 칡뿌리라니. 그래도 초근목피의 정신이라면 전쟁이 나도 살아남을 것 같았다. 먹을 것 없던 어린 시절에는 칡뿌리와 소나무 속껍질을 먹고, 삘기를 뽑아 먹고, 개구리를 잡아먹으며 자랐는데 이런 것쯤이야.

사법시험에 합격하다

법대를 다니며 낙방의 고배를 마신 적이 있어서 사법시험은 내게는 안 어울리는 시험이라 생각하고 있었다. 결혼까지 한 마당에 사치라는 생각이 들기도 했다. 그래서 취업으로 방향을 잡았다. 취업광고가 난 기업에 지원하려고 학교에 졸업증명서 등의 서류를 떼러 갔다.

그런데 친하게 지내던 선배와 우연히 마주쳤다. 학교에는 어쩐 일이냐는 질문에 자초지종을 말했더니 그가 대뜸 '취업을 할 생각이면 법대를 나왔으니 사법시험을 준비해보면 어떠냐. 전두환도 물러났으니 전라도 출신도 현직으로 갈 수 있을 거다. 그것이 바로 야학을 하면서 무장한 정신으로 이 사회에 선한 영향을 끼치는 길'이라고 강조했다. 나는 그 자리에서 설득이 되었고 그대로 집으로 돌아와 아내에게 취업을 위해 1년만 시간을 달라고 했다. 아내는 선선히 승낙해주었다. 지금 생각해보면 사실상 일방적 통보에 가까웠다. 매사가 그런 식이었음에도 말없이 받아준 아내에게 늘 고맙고 미안할 뿐이다.

딱 1년이었다. 그 당시 나는 인생을 70세까지 살면 족하다고 여겼다. 하여 20대까지는 학교, 군대 등을 마치고, 30부터 50까지는 야학에서 익힌 정신을 실천하며 이 사회에 봉사하고, 그 이후에는 사회에서 받은 은혜를 갚으며 열심히 살다 죽기로 마음먹은 터였다. 이제는 정말 마지막 기회라 여기고 열심히 공부했다. 나는 매일 도시락 두 개를 싸 들고 집 근처 구립도서관에 가서 각종 시험을 준비하는 40~50대 아저씨들과 함께 목표에 매진했다.

내가 뭔가에 그토록 절박하게 매달려본 적은 없었다. 다행히 다음 해에 1차에 합격하고 그다음 해에는 2차에도 붙었다. 운 좋게도 내가 아는 문제가 많이 나온 덕분이라 생각한다. 딱 1년만 공부하겠다는 아내와의 약속을 지킨 것이 무엇보다 기뻤다.

그것은 쿠데타였다

합격자 발표일, 뒷산에 올랐다. 막상 목표에 도달하고 나니 허탈하기도 해서 막막한 기분을 털어보려는 심산이었다. 때마침 운동을 나온 장인과 등산로에서 맞닥뜨렸다. 장인에게 합격소식을 알렸고 그는 '고생했다'고 축하해주면서 이제부터는 이 사회를 바꿀 변혁의 꿈을 꾸라고 말해주었다. 나는 그 말을 가슴에 깊이 새겼다. 그가 결혼을 반대하며 '사기꾼'이라고 나무랄 때 생긴 마음속 응어리도 한순간에 녹아내렸다. 나 또한 딸을 기르다 보니 '딸 가진 부모'로서 당연한 반응이었는데 그땐 왜 그렇게 섭섭했는지. 그 후로 장인은 말없이 나를 지켜보았고, 돌아가실 때까지 부족한 사위의 든든한 후원자가 되어주었다.

윤석열을 만나다

내가 사법시험에 합격할 당시 300명 정도가 선발되었다. 우리는 사법연수원에서 2년간 교육을 받았는데, 몇 개의 반으로 나뉘어 지도교수도 배정받고, 수업도 진행했다. 나는 5반 소속이었다. 같은 반이라도 학생 수가 많아서 A, B, C조로 나뉘었고 조마다 15~20명이 배정되었다. 연수원 생활은 주로 조 단위로 활동을 하게 된다. 참고로 우리 조에는 윤석열, 윤석희, 송옥렬 등 쟁쟁한 멤버들이 있었다.

많이들 궁금해한다. 윤석열은 어땠냐고. 우리 조가 모이면 소맥 폭탄주를 자주 마셨다. 술 때문에 생긴 에피소드가 많지만 지금도 기억나는 게 있다. 윤석열이 폭탄주를 너무 많이 마셔 피가 섞인 소변을 볼 정도였는데, 그럼에도 불구하고 그는 끊임없이 마셔댔다. 한번은 내가 정말 괜찮은지 물어보니 '폭탄주를 마셔서 치료가 되었다'고 대꾸할 정도였다. 그러나 나에게 폭탄주는 사법연수원 시절 내내 그리고 그 후에도 엄청난 스트레스였다.

'윤석열의 당구 실력이 500이나 된다는데 정말이냐'고 물어보는 사람들이 내게도 적지 않았다. 그가 시력 문제를 이유로 군대에 가지 않았으니 다들 의심을 풀지 못하는 눈치였다. 오래전 연수원 시절에 같은 반 같은 조에 속한 멤버로서 그와 술자리에 동참했지만 당구를 같이 친 기억은 없다. 그 이후로 최근까지 윤 전 검사를 그렇게 자주 보면서도 나는 그의 부동시(不同視) 증상을 전혀 눈치채지 못했다. 그러니 그 당시 그가 부동시로 군 면제를 받았다는 사실이 지금도 믿어지지 않는다. 최근에 내가 실명의 위기에서 눈 수술을 받고 한동안 양쪽 눈의 시력 차이로 고생한 적이 있다 보니 부동시가 주는 생활의 불편함을 절감하게 되었다.

내가 사법연수원에 다닐 때 군 입대와 관련하여 비아냥거리는 유행어가 있었다. 그 당시 유행한 영화 제목에 빗대어 병역 면제자는 '장군의 아들', 현역 판정을 받으면 '어둠의 자

식들'이라고. 졸병으로 만기 제대한 내가 어느 쪽에 속할지는
의심의 여지가 없지만 육군병장 계급장이 나는 여전히 자랑
스럽다.

그것은 쿠데타였다

검찰을 선택한 이유

사법연수원을 수료하면 사법시험 성적과 사법연수원 2년 성적을 합산하여 원하는 곳에 지원을 한다. 나는 다행히 법원이든 검찰이든 골라서 갈 수 있는 좋은 성적을 받았다. 그런데 함께 공부했던 대학동기 셋이 만나 진로를 상의하던 중에 자기 둘은 법원으로 갈 테니 나더러 검찰로 가라고 권유했다. 진로를 두고 아내와 장인과도 상의하던 중에 이른바 사회적 병리현상론이 화제가 되었다. 누군가는 사회의 하수구를 정화해야 하는 업을 담당해야 하고 내가 그 길로 가는 것이 옳다고 셋이서 뜻을 모았다.

당시에는 판사로 임관될 때의 성적이 그 뒤로도 법원 내 인사 결정의 기준이 된다는 소문이 돌았다. 임관 때 성적이 좋은 사람에게는 법원이 내내 편하고 힘 있는 보직을 제공한다는 뜻이었다. 일에서 찾는 보람과 역동성을 원하던 내게 법원은 거리가 멀게 느껴졌다. 나는 판사보다는 검사가 이 사회에 보탬이 될 일을 더 많이 할 거라는 결론에 도달했다. 막연히 성적에 의해 인사가 결정되는 구조보다는 노력으로 성과를 내고 그 성과로 평가받을 수 있는 곳이 바로 검찰이라는 선배들의 조언도 힘이 되었다. 연수원 시절에 모 선배가 성경 말씀을 인용하여 '사람을 의지하지 말고 하나님께 의지하는' 일을 검찰에서 열심히 하다 보면 큰 출세는 아니어도 큰 성취는 이뤄낼 수 있으니 나중에 결코 후회하지 않을 거라고 조언해준 것도 크게 한몫했다. 무엇보다 사회변혁을 위해 작은 일이라도 해주길 바라는 장인의 조언이 내 진로에 가장 큰 영향을 주었음은 물론이다.

그렇게 나는 검찰에 지원했다. 막상 지원하고 보니 내가 검찰 지원자 중 1등이었다.

그것은 쿠데타였다

2부

검사의
원칙과 소신

폭탄주와 패거리 문화

초임 검사를 흔히들 '막검사'라고 부른다. 이제 막 시작했다는 뜻이다. 내가 막검사 생활을 시작한 서울지검에서 가장 적응하기 힘들었던 것이 폭탄주 문화였다.

검사를 떠올리면 폭탄주가 연상될 정도로 검찰과 폭탄주는 그 인연이 깊다. 판사를 오래하면 책이 열 상자, 검사 노릇을 오래하면 폭탄주가 10만 잔이라는 검찰의 음주문화를 비꼬는 말이 있을 정도다. 비록 일부이긴 하나 과거에 검사들은 술을 참 많이 마셨다. 검찰 선배들이 낮술, 밤술을 가리지 않고 술을 마셔댄 결과, 갖은 설화를 일으키고 검찰 전체는 물론이고 국민들께도 많은 피해를 끼쳤다.

윤석열 전 검찰총장도 사법연수원 시절부터 폭탄주를 많이 마셨다는 것은 다 아는 사실이다. 2013년 TV조선에서 윤석열 전 총장의 술버릇에 관해 폭로를 한 적이 있다. 그가 아버지뻘 되는 기업 회장 또는 임원들을 룸살롱으로 불러내어 제 구두에 양말을 벗어 넣고 그 안에 양주를 부어 마시게 했다는 이야기였다.

술과 거리가 먼 나는 그와 술자리에서 어울린 기억이 많지는 않다. 그러나 술로는 윤 전 총장을 필적할 사람이 없다는 소문에 동의하는 사람들이 많은 건 사실이다. 이익을 좇아 패거리를 짓고 폭탄주나 즐기는 폐습이 사라지지 않는다면 검찰에 대한 국민적 신뢰가 회복되기 어려울 듯하다.

그것은 쿠데타였다

불완전한 존재의 완전하다는 착각

초등학교 시절까지 무적자(無籍者)로 살아온 나는 유독 사람에 대한 상념이 많다. 어릴 때부터 내가 가진 생각은 사람은 불완전하다는 것이다. 그래서 소싯적에는 절에 들어가 몇 달간 고민을 해보기도 했다. 기독교로 개종한 후에는 인간의 불완전성에 대한 생각이 더욱 굳어졌다. 대학 시절 가까이 지내던 친구들 중 몇은 저세상으로 갔다. 살아 있어도 살아 있다고 장담할 수 없는 게 현실 아닌가. 언제 죽을지 모르는 인생이 언감생심 신의 완전무결을 흉내 내다니. 어림없는 수작일 뿐이다.

검사도 사람이다. 사람은 불완전하다. 검사들이 구성하고 있는 검찰도 완전할 수는 없다. 피의자나 피고인도 불완전하다. 사람의 불완전성은 우리 헌법도 인정하고 있다. 무죄추정의 원칙이라든가 진술거부권, 심급을 두고 있는 것, 각종 이의제도 등은 사람의 불완전성을 전제로 만들어진 제도다.

검찰생활을 하면서 이런 생각을 더욱 굳히게 되었다. 불완전할수록 진리 앞에 겸손해질 수밖에 없다. 인간의 불완전성은 상식이며 진리다. 완벽하다면 사람이 아니라 신이기 때문이다. 그런데 수사를 하다 보면 검사는 자신에게 오류가 없다고 믿는 경향이 있다. 그에 반해 피의자는 거짓말을 하고 빠져나갈 핑계나 대는 불완전한 존재가 된다.

검사도 똑같은 사람인지라 오류를 범할 가능성을 인정해야 한다. 따라서 독단적인 결정을 피하기 위해 검사도 마땅히 견제를 받아야 한다. 불완전한 사람이 불완전한 사람을 수사하기 때문에 이러한 점을 해소할 절차적 권리 보장은 매우 중요하다. 이는 실체적 진실을 이끌어내기 위해 필수적인 요소이기 때문이다.

검사들이 피의자를 대할 때 종종 무오류의 함정에 빠져든다. 실체와 결과를 중시한 나머지 과도한 측면이 있어도 목적으로 수단을 정당화시켜가며 독단적 결정을 하기 쉽다. 수사

편의주의가 꿈틀거리며 고개를 든다. 인간의 영역에서 일어나는 불완전성을 인정하는 순간 수사에 대한 자신감과 판단력을 잃게 될까 봐 두려운 탓이다. 그리하여 감히 무오류라는 신의 영역으로 자신을 밀어 넣게 되는 것이다.

대학 시절 새끼 고양이 한 마리를 길렀다. 잘 아는 고향동무 집에 놀러 갔다가 그 집에서 갓 태어난 새끼들에게 반해버렸다. 그중 한 마리를 달라고 졸랐고 흔쾌히 분양을 받았다. 어린 시절 시골에서 개를 길러보았으니 고양이인들 뭐가 다르겠나 싶었다.

그 당시에 나는 서울 외곽에 자리 잡은 형님 댁의 작은방에 머물고 있었는데, 새 식구를 들이는 것에 대해 가까스로 형수님의 허락을 얻었다. 녀석은 바둑이처럼 온몸에 희고 검은 반점이 적당히 어울려 있었다. 나는 암컷에게는 썩 어울리지 않는 '바둑이'라는 이름을 지어주었다. 녀석은 내게 좋은 친구인 동시에 애교 넘치는 귀염둥이였다. 처음에는 반대하던 형님 내외가 녀석을 받아준 것도 귀여운 외모가 작용한 게 분명했다. 게다가 사람에게 다가와 몸뚱이를 부비며 애정표현을 곧잘 하는 붙임성도 식구로 정착하는 데 한몫을 했다.

하루는 집으로 돌아와 방문을 열어보니 뽀얗게 빨래해서 각 잡아 개어놓은 셔츠가 찢겨 있었다. 책상 위에 올려두었지만 바둑이가 그곳에 올라가는 일은 식은 죽 먹기였다. 나는 화가 나서 조그만 막대기로 녀석의 머리통을 살짝 때리듯이 조금 야단을 쳤다. 그런데 다음 날 오후 학교에서 돌아와 보니, 책상 위에 반쯤 잘린 쥐의 사체가 놓여 있었다. 바둑이가 내 옷을 찢어놓았던 바로 그 자리였다. 밖에 나가 쥐를 잡아먹고 머리 부분을 물어다 내 방에 갖다 놓은 것이었다.

녀석의 한쪽 앞다리를 잡고 다시 혼을 내주었다. 전날보다 좀 더 큰 소리를 지르며 막대기로 몇 대 때렸다. 이런 흉측한 걸 갖다 놓다니 이건 분명 전날 야단친 내게 앙심을 품은 행동이리라. 바둑이는 다음 날 아침부터 보이지 않았다. 열린 창문을 통해 어디론가 사라져버린 뒤였다.

10여 년이 지난 뒤 우연히 어느 동물행동학자가 쓴 칼럼을 보게 되었다. 쥐는 고양이가 가장 아끼는 먹이인데 그걸 물어다 놓는 행위를 사람들이 오해한다는 거였다. 바둑이의 그런 행동은 내가 혼을 낸 데 대해 적개심을 품고 반항한 것이 아닐 가능성이 높다. 동물학자의 설명이 맞는다면 분명 나한테 반성의 여지가 있었다. 바둑이의 행동은 오히려 주인에게 잘 보이기 위한 화해의 시도가 아니었던가. 말하자면 고양이는 주인에게 자신이 가장 아끼는 물건을 선물한 것이었다.

나는 바둑이에게 두고두고 미안한 마음이 들었다. 역지사지를 해보지 못한 내가 참으로 부끄러웠다. 단순히 내가 쥐를 싫어한다는 이유만으로 고양이의 행동을 주인에 대한 반항이나 적개심의 표현으로 규정해버리지 않았던가.

어떤 사물이나 현상을 내 입장에서만 판단하고 상대방의 처지를 전혀 고려하지 않는 행동은 검사들에게도 흔히 나타난다. 일에 지치다 보면 피의자의 말을 흘려듣거나 아예 들어주지도 않는 일은 다반사다. 설령 상대가 그럴듯한 이야기를 늘어놓아도 검사의 머릿속에는 이미 선입견이 자리 잡고 있다. 나 역시 온갖 수사를 해보았고, 일단 상대가 사기꾼이라고 짐작되면 그가 사기꾼이어야만 하는 수십 가지 이유를 미리 그려놓지는 않았던가. 그가 죄를 짓지 않았을 수도 있다는 생각을 하면 처음부터 수사의 구도를 다시 그려야 하므로 그거야말로 보통 번거롭고 심란한 작업이 아니기 때문이다.

사람은 누구나 불완전하다. 검사도 사람이다. 그러므로 검사도 불완전하기는 마찬가지다. 이것은 가장 초보적인 삼단논법이다. 자신의 무오류를 주장하는 순간, 그는 형용모순에 빠진다. 무오류의 함정에 빠진 검사는 자신을 신으로 착각하는 인간과 다르지 않다.

정지된 바람을 아는가. 뜨거운 얼음이 있는가. 완벽한 인간을 보았는가. 남을 의심해야 하는 직업일수록 부디 겸손의 미

학부터 배울 일이다.

나는 법무부 검찰국장으로 일할 때 조국, 추미애 장관을 수행하면서 나의 업무방식이 내 스스로 설정한 기준에 맞는지 수시로 확인했다. 내가 특권의식을 갖고 있는지, 혹은 특별대우를 받아야 한다고 생각하는지, 견제와 균형 그리고 절차의 중요성을 망각하진 않았는지, 인간의 불완전성을 전제로 수사를 하는지, 재판의 절차적, 기능적, 조직법적인 생각을 하는지 등을 염두에 두고 업무에 임하려고 노력했다. 이른바 특별수사부(특수부)를 폐지하여 부서를 정비한 것이 대표적이다. 언론과 정권 실세의 관심을 받으며 출세의 발판이 되었던 특수부가 존속된다면 그곳에 속하지 못한 많은 검사들은 자신이 맡은 업무를 사소한 것으로 느낄 수 있다. 그래서 나는 일반 검사들을 소외시켜온 '특수부'라는 고약한 명칭부터 없애고, 형사·공판부 강화에 힘을 쏟았다. 한편으로는 검찰 내부의 감찰을 강화해서 검찰은 처벌받지 않는다는 내외의 인식을 불식시키려고 노력했다.

고위공직자범죄수사처(공수처)에 의한 검찰 견제 강화도 빠질 수 없는 과제였다. 하지만 공수처는 아직 갈 길이 멀다. 지난 정부 말기에 가까스로 국회를 통과한 법령으로 태어났지만 현재의 조그만 규모로는 제 역할을 기대하기 어렵다. 출발한 지 두 해도 넘기지 못한 공수처에서 그나마 뽑아놓은 검사들마저 사직서를 내고 떠난다는 소식이 들린다. 아직은 어린 아이처럼 자신의 할 일을 명확히 구분하지 못하여 우물쭈물하는 모양새로 보이기도 한다. 때로는 스스로 수사해도 될 만한 사건을 검찰에 되돌려주기도 하고 고위공직자의 비위를 수사하는 데 곤욕을 치르기도 한다. 심지어 수사대상이 된 검찰이 공격을 해도 적절한 대응을 못 하고 허둥댄다.

국민의 감시와 견제를 충분히 받아야 한다는 전제하에 공수처의 수사력은 강화되어야 마땅하다. 감히 기대해본다면, 지금의 서울중앙지검 정도의 규모로 키워주면 어떨까 싶다. 나는 이 격언을 믿고 싶다. '시작은 미약하였으나 그 끝은 창대하리라.'

어떻게 검찰은 괴물이 되었나

일부 검사들은 '권한'과 '권력'을 구분하지 못한다. 공복의 의무를 수행하라고 국민이 쥐어준 권한을 자기들의 권리로 착각한다. 군인은 국방의 의무를 다할 뿐이다. 그들이 의무와 책임을 권리로 착각하면 나라는 위기에 봉착한다. 자신들의 권리가 침해받는다고 느낀 자들이 외적에게 겨누던 총부리를 주저 없이 안으로 돌린 사례를 우리는 똑똑히 보아왔다.

국세청 직원들에게는 세금을 거둘 권한이 있다. 하지만 그들이 위임받은 권한을 자신들의 고유한 권리로 착각하여 함부로 휘두르기 시작하면 기업 활동이 위축되고 국가경제는

그것은 쿠데타였다

추락하며 그 폐해는 고스란히 국민에게 돌아간다. 직책을 불문하고 공무원은 국민의 머슴이다. 검찰공무원이 위임받은 권한을 자신들의 권력으로 착각하는 순간, 불행한 역사는 반복된다.

문준영이 쓴 《법원과 검찰의 탄생》, 김선택의 〈영장청구권 헌법관련 연구〉는 다음과 같이 기술한다. 일제강점기 일본은 판사의 영장제도를 조선에는 적용하지 않았다. 독립운동을 효과적으로 탄압하고 식민지배를 효율적으로 하기 위한 것이었다. 조선총독에게 권한을 집중하고, 조선총독은 소수의 검사(당시 검사는 60~120명 정도)에게 통치의 주요 수단인 형사사법 전반의 권한을 부여해 식민지배를 공고히 하는 기관으로 검찰조직을 활용했다.

경찰은 보조기관이었다. 1912년 조선형사령(제12조, 제13조, 제15조)에서는 '급속한 처분을 요할 때' 검사가 피고인을 신문하고 구류가 가능하도록 규정했는데, 검사와 경찰의 자유로운 수사를 보장했다.◆ 해방 후 1948년 미군정법령 제176호와 제180호에 의해 법원에 의한 영장주의가 들어온다. 이때 경찰의 영장 청구는 검사를 경유해야 한다는 '검사경유원칙'

◆   문준영,《법원과 검찰의 탄생》, 역사비평사, 2010, 564쪽.

이 최초로 등장한다.

그렇지만 1954년 형사소송법에는 검사경유원칙은 명시적으로 포함되지 않았는데, 5·16쿠데타를 기점으로 결정적 변화를 맞는다. 형사소송법이 개정되면서 검사경유원칙이 법률차원으로 처음 규정되었고, 1962년 제3공화국 헌법에서 검사의 영장신청권이 헌법차원으로 올려졌다. 하여, 이승만 정권에서 경찰이 부렸던 위세가 유지될 수 없었고, 수사권 독립 주장도 차단되었다.

검찰은 군사정권의 시책에 적극 협조하고 국보법 사건 등을 처리하면서 권한을 확대해갔다. 5·16쿠데타 이후에는 외국의 어느 헌법 사례에도 없는 '영장청구권 독점권'을 확보했다. 결국 이러한 영장청구권 독점권한의 뿌리는 독립운동의 탄압과 식민지 지배의 효율성을 위하여 인신구속 권한을 수사기관에 부여했던 일제식민지 사법에 있다고 보는 것이 정설이다.

미군정에 의해 도입된 영장주의로 인하여 인신구속의 결정 권한을 잃게 된 검찰의 입장에서 영장 청구의 독점적 지휘를 헌법에 규정함으로써 과거의 인신구속 권한의 잔재를 유지하고자 한 것으로 보인다.♦

한편으로 최강욱이 쓴 《권력과 검찰》에는 검찰의 권한이 막강하게 된 이유가 잘 설명되어 있다. 제헌국회 수립 당시의 의사록을 보면 '경찰을 통제할 수 있도록 검사들에게 권한을 줘야 한다'는 대목이 있다. 검찰의 권한을 대폭 키워준 것은, 국가가 제대로 기능하지 않았던 비정상적인 상황에서 일제 때의 습성을 가진 경찰들이 일으키는 폐해를 줄여보려던 일종의 비상조치 내지 편법이었던 것이다.◆◆

조국백서추진위원회의 《검찰개혁과 촛불시민》은 국민들이 검찰을 불신하는 이유를 다음과 같이 기술한다.◆◆◆

첫째, 검찰은 '범죄에 대한 국가차원의 대응'이라는 본래의 역할을 제대로 수행하지 못했다. 검찰이 있으니 안심하고 생업에 종사할 수 있다고 생각하는 대한민국 국민이 얼마나 될까. 거꾸로 '무전 기소, 유전 불기소'로 시민들의 삶을 위협하는 껄끄러운 존재로 인식되고 있다 해도 과언이 아니다.

둘째, 검찰은 끊임없이 정치권력의 도구 즉 정치검찰이라는 의심을 받아왔다. 이명박, 박근혜 보수정권 시절에는 검찰과 권력이 한 몸처럼 움직였다. 권재진, 김기춘, 우병우가 그

◆　김선택, 〈영장청구권 헌법관련 연구〉, 고려대학교, 2008, 60쪽.

◆◆　최강욱, 《권력과 검찰》, 창비, 2017, 76~77쪽.

◆◆◆　조국백서추진위원회, 《검찰개혁과 촛불시민》, 오마이북, 2020, 77~80쪽.

상징적 인물이다.

셋째, 검찰은 스스로 권력화하기 시작했고 국민은 검찰의 권력화를 경계하게 되었다. 문재인 정부가 들어선 뒤 각종 여론조사에서 개혁 1순위 과제가 바로 '정치검찰 개혁'이었다. 개혁 1순위 검찰이 적폐수사를 담당하는 아이러니가 발생한 것이다. 수사를 통해 박근혜 탄핵의 근거를 제공하고, 전직 대통령에게 형사책임을 물은 검찰은 '대한민국 권력을 좌지우지할 수 있다', '문재인 정부를 우리가 만들었다'는 자만으로 스스로 '권력의 핵'인 듯 행동했고, 시민들이 이를 경계하며 촛불을 들었다.

넷째, 권력화된 검찰이 수사과정에서 '법적 원칙'이 아니라 '선택적 정의'를 구현하고 있다는 점이다. 국민들은 검찰권 행사가 편파적이고 불공정하다고 의심한다. 검찰은 자신들만의 기준으로 누구는 인디언 기우제식 수사를 하고, 누구는 수사를 하더라도 기소하지 않으며, 누구는 아예 수사조차 하지 않는다. 또한 수사 도중에 범죄 사실과 관계없이 사실상 유죄로 낙인찍는 '검언유착'의 마녀사냥도 벌어지고 있다. 가장 큰 문제는 나중에 결백이 밝혀져도 그동안 받은 인격적, 법적, 사회적 피해를 구제받을 방법이 없다는 점이다.

《문재인, 김인회의 검찰을 생각한다》에서는 정치권력과 한 몸이 된 검찰의 부도덕성에 대해 다음과 같이 기술한다.

정치권력과 검찰의 부도덕성이 가장 선명하게 드러난 사건은 부천경찰서 성고문 사건이다. (중략) 권인숙은 문귀동을 강제추행죄로 고소했다. 문귀동은 오히려 권인숙을 명예훼손으로 맞고소했다. 검찰이 수사를 담당했다. 검찰은 성고문에 대해 혐의 없음 결정을 하고 폭언과 폭행 부분만 혐의를 인정했다. 그나마 문귀동의 공로를 인정해 처벌할 만한 가치가 없다고 기소유예처분을 했다. 검찰은 여기에 그치지 않았다. 검찰은 보도자료를 통해 "급진좌파 사상에 물들고 성적도 불량하여 가출한 자가 성적 모욕이라는 허위사실을 날조·왜곡하여 자신의 구명과 수사기관의 위신을 실추시키고 정부의 공권력을 무력화시키려는 의도"가 사건의 배후라고 발표했다. (중략) 대한변호사협회는 검찰 결정이 부당하고 문귀동을 기소해야 마땅하다고 법원에 재정신청을 냈다. 고등법원은 문귀동에 대한 성고문 사실을 인정하면서도 기소를 거부했다. 어처구니없는 일이었다. 변호사들은 대법원에 항고했고 그동안 6월항쟁이 발생했다. 대법원은 6월항쟁이 발생하고 나서야 겨우 문귀동을 재판에 회부할 것을 결정했고, 결국 문귀동은 징역 5년으로 처벌됐다.◆

부천서 성고문 사건이 정치권력과 일체화된 검찰의 부도덕성을 보여준 사건이라면 건국대 사건은 검찰이 적극적으로 정치권력화된 사건이다. (중략) 전두환 정권은 그 이전의 학생시위와는 달리 참가자 전원을 연행하고 거의 전부 구속해버렸다. 이전의 학생시위에 대한 대응은 주로 해산 위주였는데 이때는 검거가 주된 대응이었다. (중략) 그렇게 양산된 구속자 처리는 검찰의 몫이었다. 검찰은 민주화를 요구하는 학생들의 시위를 법률적으로 처리함으로써 정치권력의 통치수단으로서 기능했다. 이때부터 검찰은 독재권력의 가장 중요한 통치기구가 된다.◆◆

더 나아가 검찰이 사건을 직접 조작하기도 했다. 대표적인 사례가 강기훈 유서대필 사건이다. 1991년 5월 발생한 이 사건에서 필적 감정 등 수사를 주도한 것은 검찰이었다. 정보기관이나 경찰의 위법하고 부당한 수사를 사후에 합법화시키는 역할에서 벗어나 스스로 사건을 조작한 것이다. 하지만 검찰은 정치적 의도에 오염된 잘못된 수사를 반성하지 않았다. 오

◆ 　　문재인·김인회,《문재인, 김인회의 검찰을 생각한다》, 오월의봄, 2011, 48~49쪽.

◆◆ 　문재인·김인회, 같은 책, 49~50쪽.

히려 고등법원의 재심 결정에도 불복했다. 이는 검찰이 직접 수사를 하게 되었을 때 어떤 문제가 발생할 수 있는지 적나라하게 보여준 사례라고 할 수 있다.

검찰의 역사는 군부독재 시기와 그 이후로 구분되는 것이 아니다. 검찰은 수사와 재판의 지배자로서의 지위를 확보하는 것이 목표였다. 그리하여 수사지휘권을 통해 경찰을 지배하고 수사결과를 통해 재판을 지배하는 방식이 굳어졌다. 불행하게도 일제강점기 검찰 중심 형사사법 모델이 21세기 현재까지 변함없이 유지되고 있는 것이다. 이와 관련하여 2020년 2월 12일자 한겨레 칼럼이 내 눈길을 끌었다. 뼈아픈 지적이지만 반성을 하자면 상처를 덮고 갈 수만은 없기에 여기에 소개한다.

밥자리 술자리에서 정치 관련 대화가 오갈 때 농담 삼아 후배들에게 이런 질문을 던지곤 한다. "대한민국에서 가장 정치를 잘하는 사람들이 누군지 알아?" 곧바로 내 맘대로 정해놓은 정답이 이어진다.

"특수통 검사들인 것 같아. 황교안 같은 공안통이 아닌, 윤석열 같은 특수통!!"

이어지는 정답 해설. 1)우선 두뇌 회전 빠른 엘리트 집단이다. 2)강력한 결속력으로 서로 밀고 끄는 힘이 세다. 3)국민적인 주목을 받는 큰 사건을 다루기에 여론의 흐름과 평가에 민감하다. 4)그러다 보니 언론 관리 및 활용 기술이 탁월하다. 5)조중동과 보수기득권은 대체로 검찰 편이다. 6)치고 빠지기를 해야 할 순간 포착을 잘한다. 7)속도전이나 뭉개기를 해야 할 타이밍 조절에도 능하다. 8)교착 국면이나 위기 돌파를 위한 압박·회유·타협의 경험이 많다.◆

내가 서울중앙지검장으로 발령이 나자 지인이 참고하라며 보내준 글인데 나는 이에 공감할 수밖에 없었다. 업무일지에 적어두고 수시로 들여다보았다. 이 칼럼은 내게 이렇게 말하고 있었다.

"대한민국에서 가장 '정치질'을 잘하는 자들이 누군지 아는가? 다름 아닌 특수통 검사들일세. 더 이상 황교안 같은 공안통이 아니라 이젠 윤석열 같은 특수통이 바로 그 정치꾼들이란 말일세."

그러면서 이 칼럼은 한마디를 덧붙인다. "지향하는 가치와 목표가 무엇인가를 제외하고 보면, 이런 항목들은 현실 정치

◆ 〈[편집국에서] 노련한 검찰, 자충수 두는 정부〉, 한겨레, 2020. 2. 12.

그것은 쿠데타였다

에서 이른바 '정치적 감각'으로 통용되는 자질과 조건들이다. 우리가 때때로 '검찰 정치'를 경계하는 것도 어쩌면 검찰의 이런 모습을 지켜봐왔기 때문일 수 있다."

지우지 못한 사건들,
평범한 검사를 위한 변명

신뢰와 경청: 부장검사 피습 사건 2008년

30년 동안 검사 노릇을 하다 보니 잊으려 애썼지만 마음대로 되지 않아 기록으로 남겨둔 사건들이 있다. 그중 몇 가지는 검찰에 대한 평소의 소신을 언급할 때마다 내 가슴을 찌르고 들어온다. 가장 먼저 떠오르는 사건은 2008년에 발생한 부장검사 피습 사건이다. 그날 민원인이 내지른 외마디 소리가 아직도 귓전에 맴돈다.

"검사 새끼들 다 죽여버려야 해!"

전국 60여 개 검찰청에는 다양한 사연과 요구를 가진 민원

그것은 쿠데타였다

인이 찾아온다. 그들은 검사실이나 민원실에 직접 찾아와 억울한 사연을 수사해달라고 요구하거나, 검찰청에 진정서 등을 제출한다. 이러한 정상적 절차를 거쳤는데도 '억울함'이 풀리지 않으면 검찰청사 입구나 주변 도로에서 피켓이나 대자보를 들기도 하고 확성기로 자신의 사정을 알린다. 물론 다른 정부부처나 공공단체 주변에도 유사한 방법으로 시위하는 민원인들이 있지만 유독 검찰청 주변에 더 많아 보인다. 혹자는 그 이유로 국가기관의 수사를 통해서만 해결하려는 고소만능주의를 거론한다. 하지만 나는 좀 생각이 다르다. 그동안 민원인이 만족할 만한 서비스를 검찰이 제공해주지 못한 때문이 아닐까.

2008년 12월 16일, 나는 광주지검에서 부장검사로 근무하고 있었다. 차장검사(검찰총장이나 검사장을 보좌하는 검사. 부장검사의 상관)가 나를 불렀다. B라는 민원인이 면담을 요구하면서 자꾸 검사장실에 들어가려고 하니 그를 만나서 어떤 억울한 일이 있는지 알아보라는 주문이었다. 나는 곧바로 관련 기록을 살펴보았다. 그동안 그가 동일한 내용의 진정서를 반복 제출한 사실을 금세 알 수 있었다. 다음 날 B씨는 사전 약속한 시간에 정확하게 내 사무실로 출석했고, 나는 2시간 30분 동안 상세한 사건 경위와 요구 사항을 들어주었다.

사건 내용을 자세히 밝힐 순 없지만, 언론에 보도된 수준은 이러했다. B씨의 생업은 인테리어업이었다. 같은 지역에 사는 모 대학교수의 건물을 수리해주었는데 공사 대금 문제로 갈등을 겪게 되었다. 건물주인은 공사에 문제가 있으니 돈을 못 주겠다고 했고, B씨는 공사에는 문제가 없으니 지급할 것을 요구하면서 갈등이 증폭되었다. 급기야 그 건물주는 경찰서에 B씨가 '공사기간도 맞추지 못하고 터무니없는 공사 대금을 요구하면서 모욕했다'는 이유로 고소를 했다. 이에 질세라 B씨도 공사 대금을 받지 못한 것은 물론, 건물주 쪽 사람들에게 폭행을 당했다는 이유로 맞고소를 했다. 경찰에서 사건을 송치받은 검사가 수사한 결과, B씨가 모욕한 사실이 인정될 뿐만 아니라 B씨가 폭행당했다고 맞고소한 것은 증거 없는 허위고소로 형법상 무고죄에 해당한다고 판단했다. 그래서 무고죄와 모욕죄의 두 가지 범죄에 대해 벌금형으로 약식기소를 했다. 건물주가 제기한 고소는 인정되어 B씨가 처벌을 받게 된 반면, B씨가 제기한 고소는 검찰청과 법원에서 받아들여지지 않았을 뿐만 아니라 오히려 무고죄로 처벌까지 받게 된 것이다.

내가 면담할 때 B씨는 교수와 경찰관, 검사, 판사 등이 한통속이 되어 자신의 주장은 받아들이지 않고 처벌을 한 것이

74

그것은 쿠데타였다

라고 주장했다. 이미 B씨는 경찰관, 검사, 판사, 민간인 등 사건의 수사와 재판에 관여한 십수 명을 직무유기나 허위공문서작성 등으로 재고소한 상태였다.

그런데 재고소 사건을 수사한 검사가 그 고소도 허위에 해당한다고 판단, 무고죄로 인지하여 다시 불구속기소를 했다. 이 무고 사건은 대법원에서 징역형 집행유예가 확정되었다. 이 과정에서 B씨가 검찰청은 물론 언론사, 인권위원회 등 관련 기관에 '억울하게 처벌을 받았다'고 주장하는 내용으로 수많은 진정서를 제출했지만, 어디에서도 B씨의 주장에 귀를 기울여주지 않았다는 것이었다.

민원인 B씨는 두 시간 정도의 면담에서 시종 억울함을 주장했다. 또한 자신이 제출한 진정과 관련하여 검사나 수사관을 면담한 적이 거의 없다고 했다. 나는 면담 후 "그러면 선생님이 주장하시는 내용을 입증할 증거자료가 있습니까?"라고 물었다. 그가 다음 날 증거자료를 가지고 오기로 하여 다시 면담 일정이 잡혔다. 다음 날 약속시간이 되자 그가 깨알처럼 빼곡하게 적은 메모지와 두꺼운 수사 및 재판기록을 보자기에 싸가지고 나타났다. 그가 주장하는 쟁점은 '과연 건물주인의 폭행이 있었는가'였다. 그가 건물주인의 폭행을 근거로 재수사를 요구하였으므로 나는 지금까지 B씨 관련 재판의 판결문을 찾아 폭행 관련 사실을 확인하면서 면담을 진행했다. 하지만 그가 주장하는 내용이나 자료는 대부분 이미 법원 판결문에 판단이 되어 있었다. 할 수 없이 나는 새로운 증거를 찾아내지 않는 한 재수사는 어려울 것 같다고 설명해주었다. 모처럼 검사와 장시간 면담을 하면서 재수사를 기대했을 그의 얼굴에는 실망한 표정이 역력했다. 그래도 많은 대화를 나누어서 그런지 그리 나쁘지 않은 분위기에서 면담을 마친 걸로 기억한다.

다음 날 11시경 B씨가 예고도 없이 내 사무실로 찾아왔다. 왜 다시 오셨냐고 묻는 내게 그가 다짜고짜 달려들었다. 끝이 뾰쪽한 니퍼(전선 절단용 공구)가 손에 들려 있었는데 그걸로 내 얼굴을 내리치려고 했다. 내가 두 손으로 B씨의 양 손목을 잡았고, 그사이 우리 방 실무관이 B씨를 뜯어말렸지만 소용이 없었다. 그럴수록 그는 더욱 흥분하여 나에게 덤벼들었다. 나는 그의 양팔을 잡고 계속 방어하면서도 머릿속에서는 '이 사람과 싸워야 하나. 반격해서 때려 눕혀야 하나' 별의별 생각이 들었다. B씨를 방어하기 위해 넘어뜨릴 경우에는 고소 고발 등 또 다른 법적인 문제가 생길 거라는 걱정이 들었다. 이래선 안 되겠다 싶어 그의 양팔을 붙잡은 채 사무실 밖 복도로 끌고 나갔다. 내 사무실 복도 맞은편에는 거짓말탐지기

그것은 쿠데타였다

검사를 받기 위해 온 민원인이 대기하는 방이 있었는데, 때마침 그 안에 남자 민원인이 보였다. "잠깐 오셔서 좀 도와주시라"고 불러내어 그와 함께 B씨를 붙잡았다. 그런 다음 B씨에게 "당신 이야기를 장시간 들어주고 잘 대해줬는데 왜 나를 공격하는가?"라고 물었다. 그는 여전히 흥분을 가라앉히지 못한 채 "검사 새끼들 다 죽여버려야 해!" 하면서 알아들을 수 없는 말을 반복했다.

B씨의 양팔을 내가 계속 붙잡고 있었기 때문에 사람이 다치지 않고 마무리되어 다행이라고 마음을 가라앉히며 복도에 서 있는데, 갑자기 비릿한 뭔가가 얼굴을 타고 내리면서 시야를 가렸다. 허리까지 뜨뜻한 액체로 적실 무렵에야 B씨에게 맞아 머리에서 피가 흐르고 있음을 알게 되었다. 검사실 출입문을 열면서 잠깐 B씨의 한쪽 팔을 놓았는데 그 순간 니퍼의 뾰족한 부분으로 내 정수리 왼쪽 부분을 내리찍은 것이다. 잠시 후 복도로 달려 나온 우리 부 직원들에게 B씨를 넘기고, 나는 상처 부위를 누르면서 다른 직원의 차로 검찰청 인근의 종합병원 응급실로 향했다. 응급처치와 함께 머리와 얼굴 봉합수술을 받았다.

그럭저럭 수습이 되어 조용히 지나가기를 바랐는데, 우리 직원 중 누군가가 119에 신고하는 바람에 구급대가 출동했다. 많은 사람들이 피가 흥건한 현장에 몰려온 탓인지 그날 오후 언론에 알려지게 되었다. 기자들이 응급실 앞에 진을 치고 있어서 사진이 찍힐까 봐 밖으로 나갈 수도 없는 상황이었다. 하는 수 없이 병원 모포를 뒤집어쓰고 병실로 피신했다. 취재는 피했지만, 어쩔 수 없이 차장검사가 언론브리핑을 했다. "억울함을 주장하는 민원인을 상대해 부장검사로 성실한 소임을 다했음에도 위해를 당한 데 대해 매우 유감스럽다. 이같은 악성 민원인에 대해 청사 방호에 특별히 주의하겠다."

나중에 병원에서 안 사실이지만, B씨가 내리친 니퍼의 끝부분이 수직으로 조금만 더 내려왔다면 나는 지금 이 글을 쓰지 못할 수도 있었다. 그런 상황에서 나는 '왜 맞았을까'보다는 '검사로서 나는 왜 이리 무능할까' 하는 마음이 앞섰다. '이런 민원 사건 하나 제대로 처리 못 하다니…….' 한편으로 '내 가족이나 다른 검찰 직원들이 알게 되면, 속된 말로 더 쪽팔리는데……'라는 생각만 했다.

나는 끝까지 가족에게 다친 사실을 알리지 않으려 했다. 하지만 사고 당일 저녁 9시 뉴스에 '부장검사 피습'이라는 내용으로 보도가 되었고, 이를 본 지인이 아내에게 전화해서 "아무래도 뉴스에 나온 부장검사가 이 검사 같다"라고 알려주었다.

그것은 쿠데타였다

검찰 선후배들이나 지인들이 문병도 오고 위로전화도 주었다. 어떤 경위로 그런 소문이 났는지는 모르지만 고향사람이나 친구 몇은 내가 곧 죽을 거라는 말을 듣고 많이 걱정했단다. 나를 보기 위해 서둘러 찾아오는 사람들도 있었다. 문병객들에게 반복해서 사건 경위와 자초지종을 설명하기도 창피했다. 결국 입원한 지 사흘 만에 고집을 부려 병원을 나왔다. 도망치다시피 퇴원한 뒤에도 나는 줄곧 사람을 피해 다녔다.

이 사건이 있은 후로 전국 검찰청사에는 보안용 스크린도어가 설치되었다. 나는 "제가 유일하게 검찰에 기여한 점은 전국 검찰청사에 스크린도어 설치를 유도한 것"이라고 농담처럼 말하곤 한다.

'검사 새끼들 다 죽여버려야 한다'는 민원인의 말은 살의(殺意)의 표현이 아니라 검사들을 향한 그간의 서운한 감정을 드러낸 것이리라. 지금 이 시간에도 전국의 검찰청 주변에는 많은 민원인들이 '억울함'을 호소하고 있다. 물론 그중에는 다소 억지주장도 있겠지만 그런 민원이 생기는 연원을 좇아보면 상황이 쉽게 이해된다. 나의 민원 사건 수사경험으로 짐작해보면, 그런 억울함이란 작은 사건이라고 해서 소홀히 취급하고 세심하게 배려하지 못한 데서 비롯된 불만이라는 생각이 든다.

검사가 고소 사건을 수사하다 보면 허위고소 사실을 발견하고 무고로 입건해야 할 때가 있다. 거짓말로 고소하면 안 된다는 것쯤은 누구나 알고 있다. 하지만 고소인이 증거를 조작했거나 또는 증거자료상 명백한 허위가 아니라면 무고로 입건해서는 안 된다. '오죽하면 고소까지 했을까'라는 마음으로 피해를 당한 이들의 심정을 헤아려볼 필요가 있다는 뜻이다.

많은 사람들이 평소에는 증거자료를 남기지 않고 상대방의 말과 선의만을 믿고 약속을 하거나 도움을 주고받는 사회생활을 한다. 그들에게 법조인과 같은 정도의 완벽한 증거자료를 기대하기는 어렵다.

나는 여전히 검사가 민원인을 직접 만나서 이야기를 들어주어야 한다고 생각한다. 검사는 숙명적으로 사람들을 만나서 이야기를 듣고 그 속에서 진실을 밝혀내는 직업이기 때문이다. 직접 들어봐야 억울한 사정도 알고 사건의 실상도 파악하게 된다. 검사에게 민원인은 사건의 또 다른 현장이다. 사건서류만으로는 알 수 없는 세밀한 진상은 민원인과의 대화를 통해 확실해지기 때문이다.

민원인 B씨에게 맞은 직후 잘 아는 경찰관이 커다란 권투글러브를 사가지고 내 사무실을 방문했다. "검사님, 몸이 약해서 맞았으니 이번에 권투체육관을 다니세요." 그는 내게 체력단련을 권했다. 생각해주는 마음이야 고마웠다. 그때 이후로 어찌 대인 트라우마가 생기지 않았다고 장담할 수 있을까. 미국의 배우이자 보디빌더인 아널드 슈워제네거처럼 울퉁불퉁한 근육도 키우고 싶었다.

찬바람이 불면 그때 맞은 상처 주위가 시리고 심하게 욱신거린다. 그때마다 나는 주문을 외운다. "이건 몸이 아니라 마음이 아픈 것이다." 정말이지 그 사건이 생각날 때면 마음이 먼저 저려온다. 내가 '마음근육'을 키우고 단련하기로 마음먹은 이유다. 그래서 나는 마침내 또 다른 주문 하나를 개발하여 외우기 시작했다.

"검사의 힘은 강인한 체력에서 나오는 게 아니라 사건 관계인에 대한 경청과 신뢰에서 나온다."

검사와 영혼: 검사스폰서 사건 2010년

"부장검사가 아닌 평검사는 영혼이 없다. 그러므로 평검사는 징계할 수 없다."

검사스폰서 사건을 조사한 뒤에 징계를 요청할지 여부를 두고 어떤 진상규명위원회 위원이 한 말이다. 요즘은 '평검사'보다는 '일반 검사'라는 용어를 더 많이 사용하지만, 검찰청법상으로는 고위급이든 일반 검사든 모두 검사인데, 한쪽은 영혼을 갖추지 않았다는 말이 이상하게 들릴 것이다.

2010년 4월 20일 MBC 〈PD수첩〉에서는 부산과 경남지역에서 근무한 다수의 검사들이 건설업자에게 오랫동안 각종 향응과 금품을 받았다는 내용으로 이른바 '검사스폰서 의혹'을 방송했다. 소수의 검사가 연루된 일이기는 하지만, 공익의 대표자로서 불의에 맞서 법질서를 지켜야 할 검사들이 건설업자와 유착되어 향응이나 심지어 성접대를 받았다는 방송 내용은 충격과 실망을 안겨주기에 충분했다.

방송 3일 후 검찰은 〈PD수첩〉이 제기한 의혹 사건의 진상을 규명하기 위해 검찰총장 지시로 '진상규명위원회'라는 기구를 설치했다. 이 위원회에는 조사의 공정성이나 신뢰성을 담보하기 위해 다수의 민간위원이 참여했다. 위원장에는 성낙인 서울대학교 법과대학 교수가 위촉되었고, 법조계 및 여성계, 시민단체, 문화계 등 각 분야에서 위촉된 민간위원 6명과 검찰위원 2명이 참여했다. 위원회가 실제 조사는 하지 않고 수사를 전담하는 진상조사단을 따로 두었다. 진상조사단장은 채동욱 당시 대전고검장이 맡고, 부장검사 2명, 검사 6명, 수사관 17명으로 조사단을 구성하고, 서울중앙지검 15층에 사무실을 설치했다. 진상조사단은 수시로 조사한 내용을

그것은 쿠데타였다

위원회에 보고하고, 보고를 받은 위원회가 진상조사단에 추가 조사를 요청하는 방법으로 과정과 결과를 검증해가면서 사건 관련자를 조사했다. 당시 서울서부지검 형사5부장이었던 나는 진상조사단에서 조사팀장을 맡았다.

건설업자가 제보한 여러 의혹 중에 2009년도에 있었다고 주장한 것을 제외하면 대부분 5년 내지 26년 전의 일들이었다. 의혹에 관련된 사람들은 찾기 어려웠고, 찾았더라도 대부분 기억이 흐릿해진 상태였다. 대부분의 금융거래 자료나 관련 장부는 폐기되거나 소실되어 객관적 물증을 확보하는 데한계가 있었다. 특히 2010년 5월 중순 국회에서 특별검사제를 도입하여 특별검사가 수사하기로 합의한 이후에는 건설업자가 진상조사단의 조사에 응하지 않아 활동에도 어려움이 있었다. 나는 매주 서울에서 3일, 부산에서 3일간 근무하면서 조사팀과 함께했다. 2010년 4월 27일부터 6월 9일까지 많은 한계와 애로 사항이 있었지만 진상규명을 위해 나름 최선을 다했다. 당시 부산구치소에 수감 중이던 건설업자를 여러차례 조사했는데, 처음에는 조사에 응하던 그가 5월 중순경부터 건강악화 등의 이유를 들어 조사를 거부했다. 나를 포함한 검사들이 여러 차례 구치소를 찾아가 설득하고, 진상규명위원회의 민간위원도 구치소를 두 번이나 방문했다. 설득 끝에 조사를 재개할 수 있었다.

진상조사단의 검사와 수사관들은 서울과 부산을 오가며 열심히 일했다. 특별검사(특검) 수사를 앞둔 상황이어서 조사팀 분위기는 흔히 하는 말로 '특검이 아니라 특검할애비'가 와도 의문의 여지가 없을 정도로 철저히 하자는 것이었다.

이렇게 하여 '적정하게 처리하지 않은 진정 사건'에 연루된 검사 총 101명을 조사했다. 71명의 현직 검사 중 51명을 소환했고, 혐의가 불분명한 일부 검사들도 우편, 이메일, 전화로 조사했다. 의혹의 중심에 있는 검사장급은 사안이 중대하고 국민적 관심도 지대해서 민간 진상규명위원의 참관하에 직접 조사했다. 현직 검찰 직원이나 관련자 57명도 예외일 순 없었다.

조사를 받는 검사들은 접대는 차치하고 건설업자를 만난 사실조차 부인하는 경우가 많았다. 오랜 시간이 지났으니 기억이 안 날 수도 있을 것이다. 그렇지만 딱 한 사람, 그는 솔직하다 싶을 정도로 사실을 모두 인정했다. 검사 중에도 이렇게 정직한 사람이 있구나 싶을 정도였다. 그는 내가 잘 아는 후배 검사로, 평소 성실하고 열심히 일하기로 정평이 나 있었다. 그런데 건설업자가 그에게 향응접대를 했다고 강하게 주장했다. 마침내 내가 그 후배 검사를 조사했는데, 그의 얼굴이 형편없이 초췌했다. 얼마나 스트레스를 받았는지 얼굴 반쪽이 빨갛게 헐어 있었다. 대상포진에 걸렸다고 했다. 조사하는 내내 그가 울었고 나도 많이 속상했다.

어떤 검사는 조사 결과를 받아들일 수 없다며 계속 찾아와 면담을 요청하고 수차례 의견서를 제출했다. 향응을 받은 사실이 없을뿐더러 해당 건설업자를 알지도 못한다고 주장했다. 수감 중인 건설업자에게 그가 부인하더라고 말했더니, 그는 그 검사의 고향과 만나게 된 계기 등 오랫동안 사귄 사람이 아니면 알 수 없는 상세한 이야기를 풀어놓았다. 건설업자가 화를 내면서 부인하는 검사와의 대질을 요구하는 촌극까지 연출되었다. 증거는 없고 주장만 난무하는 상황에서, 당시 정황을 종합하고 양측 주장의 합리적 추론을 통해 사실 여부를 판단해내는 작업은 고통스러웠다. 검사인 내가 동료검사의 말을 믿느냐, 건설업자의 말을 믿느냐를 두고 발생한 상황이니 더욱 그럴 수밖에 없었다.

조사가 마무리될 무렵 상황을 점검해보니 건설업자가 성접대를 했다고 주장하는 주점을 압수수색하는 과정이 빠져 있었다. 특검 수사가 예상되는 상황에서 압수수색은 필수라고 생각했다. 살아 있는 권력에서 비교적 자유로운 특별검사가 강도 높은 수사를 진행하면 더 많은 사실이 드러날 텐데 미리 제대로 밝혀두지 못하면 검찰이 '제 식구 감싸기'를 했다는 비난을 들을 게 뻔했다.

나는 해당 주점의 종업원이 사는 주거지를 수색하고 주점의 매출장부를 압수했다. 장부를 토대로 일일이 확인해야 하는데, 조사에 협조적이던 주점 종업원이 이번에는 출석을 하지 않았다. 여러 경로로 소재를 확인해보니 그는 임신 초기였다. 압수수색의 충격으로 유산될 우려가 있어 입원했으니 출석을 못 하겠다고 했다. 잠깐이면 되니 협조해달라고 수차례 간곡한 부탁을 했고 가까스로 조사를 마쳤다. 그리고 2010년 6월 9일 그간의 조사 결과를 발표했다. 건설업자와 친분을 맺은 검사들의 명단과 식사와 술 접대 등을 받은 사실이 마침내 드러났다.

검사 징계는 검찰총장의 청구로 법무부 검사징계위원회(위원장 법무부 장관)에서 결정한다. 진상규명위원회에서는 혐의가 확인된 현직 검사들 중에서 비위 정도가 중하고 징계시효가 남아 있는 검사 10명은 징계를, 비위 정도가 다소 중하고 징계시효가 완성된 검사 7명은 인사조치를 검찰총장에게 요청하기로 했다. 상사가 주재한 회식에 단순히 참가만 하는 등 정도가 경미한 검사 28명은 검찰총장이 엄중 경고하도록 요청하는 징계 의견을 냈다.

그것은 쿠데타였다

그 당시 진상규명위원회 위원 중 한 사람은 '회식에 참가만 하는 등 죄질이 경미한 일반 검사 28명은 평검사로서 영혼이 없고, 부장검사가 하자는 대로 따라간 것'이라는 이유로 징계 건의를 하지 말자고 했다. 당시에도 '공무원들은 영혼이 있는가'라는 화두로 시중에 갖가지 유머가 돌았다. 부장검사는 영혼이 있고, 평검사는 영혼이 없다는 말은 듣기에 좀 이상했다. 형사소송법은 검사에게 기소유예라는 처분권을 부여했다. 대부분 기소유예처분은 '자백 또는 반성'하는 피의자를 재판에 넘기지 않고 형사절차에서 해방시켜주어 신속한 사회복귀를 돕자는 취지로 시행되는 제도다. 이 경우에 자백 또는 반성이란 특히 '영혼이 있는' 자백이나 반성을 의미하는데, 검사의 경력에 따라 영혼이 있고 없음을 가리는 것도 이상했고, 영혼이 있는 피의자를 처단해야 할 검사가 영혼이 없다는 것도 매우 이상한 결론이었다.

조사기간 동안 내 머릿속을 떠나지 않은 두 가지 생각이 있었다. 하나는 나 또한 완벽하게 검사생활을 하는 고결한 인격체 같지도 않은데 수많은 선후배 검사를 무슨 자격으로 조사하고 재단하느냐 하는 것이었다. 다른 하나는 이 조사가 끝난 후 그 선후배 검사들의 얼굴을 마주할 자신이 없다는 점이었다. 감사 담당 부서나 감찰부서에서 일을 하다 보면 흔히 자신들의 업무를 '사람이 할 짓이 아니다'라고 말하곤 한다. 그만큼 동료를 조사하고 징계하는 것이 인간적으로나 심정적으로 고통스럽다는 뜻이다. 그때나 지금이나 그 말이 실감난다. 비리가 있든 없든 어제까지 웃으면서 잘 지내오던 동료나 선후배 검사를 오늘 갑자기 낯빛을 바꿔서 추궁하기는 정말 힘든 일이니까. 나는 얼굴에 싫으면 싫은 표정, 좋으면 좋은 표정이 그대로 드러나서 흔히 말하는 포커페이스에는 자신이 없다. 그러니 조사 후에 어떻게 지내야 할지 판단이 쉽게 서지 않았다.

진상조사단을 꾸리던 날은 비가 한 방울씩 내리다 말다 하는 정말이지 우중충한 날씨였다. 모두들 말이 없었고 무거운 정적만 흘렀다. 조사를 위해 선택한 부산 숙소는 단체로 여러 사람들이 잘 수 있는 유스호스텔이었다. 조사를 담당한 검사들은 일과를 마치고 보통 새벽 2~3시경 숙소로 돌아왔는데 술을 마시고서야 잠드는 생활이 반복되었다. 조사단장인 고검장도 술 없이는 잠을 이룰 수 없을 정도로 많이 괴로워했다. 나는 술을 못하니 고통이 갑절이었다. 술을 마시는 것은 마취제를 맞고 치료를 받는 것에 비유할 수 있고, 술을 마시지 못하는 것은 마취 없는 상태에서 생살을 찢는 처지와 닮았다는 생각이 들었다.

그것은 쿠데타였다

당사자는 이렇게 하여 내놓은 결과에 응당 책임을 져야 한다. 그런데 조사 결과보다는 조사 과정에서 생긴 '서운한' 점 때문에 지금까지도 나와 관계가 소원한 사람이 있다. 조사를 할 때는 아무래도 피조사자의 주장만을 심중에 두진 못하게 마련이다. 제보자의 주장과 이를 부인하는 피조사자의 주장 사이에서 어느 쪽이 옳은지 객관적 자료를 토대로 냉철하게 판단해야 한다. 그러자니 먼저 제보자의 주장을 토대로 피조사자를 추궁하게 되는데, 이 과정에서 피조사자들은 자신들의 말을 믿어주지 않는다고 불평했다. 그들은 조사의 절차와 과정, 태도에 대해서도 문제 삼는다. 비속어를 빌리자면 이른바 '씹기'가 난무한다.

동료나 선후배를 조사하는 일은 참으로 고통스러운 일이 아닐 수 없지만 그래도 해야 하는 일이다. 직무상 어쩔 수 없는 일이라며 감찰조사를 맡은 심정을 이해해주는 사람들과는 나중에 화해했다. 하지만 아직까지도 소원한 관계에 머무는 사람들이 있다. 내 마음을 할퀸 그때의 깊은 상처가 좀처럼 아물지 않는다.

나는 가끔 '상처'만 있지 '영혼'은 없는 검사가 아닌지 스스로를 의심하다가도, 그 시절을 거치면서 내 영혼이 많이 정화되었다는 억지 믿음에 빠져본다.

검사의 자격: 검사 성추문 사건 2012년

사법시험제도가 존속할 당시 사법시험에 합격하면, 1년차에는 사법연수원에서 이론공부를 하고 2년차에는 검찰, 법원, 변호사 사무실에서 실무수습을 했다. 법학전문대학원(로스쿨)이 사법시험제도를 대체하여 법조인 양성제도로 자리 잡은 지금은 그 과정이 조금 달라졌다. 로스쿨을 마치고 검사전형에 합격하면, 임관은 되지만 일선 검찰청에서 실제 수사업무는 하지 않고 법무연수원에서 1년간 실무수습을 받는다.

그리고 법무연수원 1년간의 검사교육 과정 중 3개월은 일선 검찰청에 배치되어 초보적이기는 하지만 실제 수사를 담당하게 된다. 보통은 임관 후 10년 이상의 수사경력을 가진 검사 중에 지도검사를 정해 실무를 가르친다. 문제의 J 검사도 연수원 수습과정에 내가 부장검사로 있는 형사부에 배치되어 실무교육을 받게 되었다. 천재라는 별명대로 대학교 재학 중 다른 고시까지 합격한 자라 그런지 사건 파악이 무척 빠르고 부지런했다. 그는 아침 일찍 부장실에 찾아와 당일 처리할 사건을 상의했고, 밤늦게까지 남아서 일하고 주말에도 출근했다. J 검사에게 3000쪽이 넘는 수사기록을 검토하도록 하고, 기록 맨 뒤쪽에 있는 내용을 토론하다가 갑자기 앞쪽의 수사기록을 물어도 피해자별 피해금액까지 기억해낼 정도로

그것은 쿠데타였다

머리가 좋았다. 그런 J 검사가 사고를 친 것이다.

어느 날 밖에서 점심을 먹고 사무실에 들어와보니 J 검사의 지도검사가 보고서 한 장을 들고 내 방에 들어왔다. 얼핏 제목을 보니 '검사 비위 발생 보고'로 되어 있었다. 처음에 나는 J 검사가 사람을 폭행이라도 했나 싶었다. 비위라는 것이 보통 뇌물 등의 금품수수를 말하는 건데, 실무수습 나온 검사가 뇌물을 받을 상황은 아니라고 생각했기 때문이다.

지도검사가 가지고 온 보고서를 자세히 읽어보니 여성 피의자와 성관계를 가졌다는 내용이었다. 나는 "이 보고서는 믿을 수 없으니 J 검사에게 직접 확인해봐야겠다"며 그를 불러오라고 했다. 그런데 지도검사가 비위를 제보받고 J 검사를 강하게 추궁했더니 성관계를 자백하고 도망치듯 밖으로 나가버렸다는 것이다. 두 시간이 넘도록 기다려도 그는 나타나지 않았다. 당시 내가 근무하던 서울동부지검은 한강과 가까웠기 때문에 불길한 생각마저 들기 시작했다.

퇴근 무렵이 다 되어 J 검사가 내 방에 모습을 드러냈다. 합의를 하려고 그동안 피해자 측 변호인을 만나고 왔다면서 지도검사가 보고한 사실관계를 대략 시인했다. 억장이 무너진다는 표현은 바로 이럴 때 쓰는 말이었다. 하지만 엎질러진 물이었고 수습과정이라지만 우리 부서의 소속 검사가 그런 비위를 저질렀는데……. 나는 우선 그가 좋지 않은 생각을 하지 않도록 지도검사와 함께 상황을 잘 관리하도록 조치했다.

J 검사가 설명한 사건의 경위는 이랬다. 처음 사건이 발생한 날은 토요일이었다. 그는 배당받은 절도 사건이 비교적 가벼운 사안이라 그날 오후에 피의자를 검사실로 출석시켰다. 피의자 본인의 진술서를 받고 귀가시킬 생각이었단다. 당직계장이 마침 우리 부 수사관이라 토요일이라도 필요하면 조사를 돕겠다고 했지만, J 검사는 간단한 절도 사건이라 수사관의 참여는 필요 없을 것 같다고 했다. 그는 출석한 여성 피의자에게 범행에 대한 인정 여부 등 진술서를 작성토록 했다. 그런데 피의자가 부인하는 바람에 조사시간이 길어졌고 검사실에서 유사 성행위 같은 일이 생겼지만, 피의자와 직접 성관계는 안 했다고 주장했다. 하지만 그는 그다음 주 월요일 퇴근 후 피의자 여성을 만났다. 그리고 해서는 안 될 일이 벌어졌다. 나는 기가 막혔다.

사건이 지휘부에 보고된 다음 날부터 검찰 무선메신저와 개인 휴대전화, 사무실 유선전화 등 접근 가능한 모든 수단을 통해 사건의 경위를 묻는 질문이 빗발쳤다. 나는 우리 부 소속 직원들에게 대검 감찰부에서 조사 중이니 사건에 관해서 일절 언급하지 말라고 당부했다. 특히 피해자 관련 정보를 다

그것은 쿠데타였다

른 사람에게 확인해주거나, 확인받는 일을 절대로 하지 말라고 지시해두었다.

J 검사의 이른바 '검사 성추문 사건'은 커다란 화젯거리가 되어 언론에 확대 재생산되었다. 검찰 명예를 땅에 떨어뜨릴 대로 떨어뜨린 J 검사의 상관이자 소속 부장으로서 막중한 부담감과 책임감을 느꼈다. 사직서를 내야겠다는 생각으로 선배 부장에게 시기와 방법을 상의했다. 그는 "이미 검사장님께서 사의표명을 하셨으니 부장검사급이 사표를 내더라도 별의미가 없을 것 같다"라고 말했다. 나는 지도검사에게 J 검사가 혹여 다른 마음을 먹지 않도록 잘 관리해주고, 대검찰청에도 출석해서 조사받게 하라고 부탁했다. 물론 나와 지도검사도 진술서에 사건 경위를 적어서 대검 감찰부에 제출했다.

J 검사는 우리 청에 석 달간의 실무수습차 맡겨진 상태라서 정식 소속은 법무연수원이었다. 성추문 사건을 지휘부에 보고한 다음 날 저녁, 법무연수원에서 근무하는 그의 지도교수(검사)를 만나보았다. 상황을 물어보니, 그동안 J 검사에게서 나쁜 점은 전혀 발견할 수 없었단다. 그 지도교수는 '좀 더 세심하게 교육했더라면 이런 일은 없었을 것'이라고 크게 자책하면서 그를 불쌍하고 안쓰럽게 여겼다. 인간적인 사정이 있을 거라면서 제자를 끝까지 믿어주려 했다. 다른 사람들은

손가락질을 해도 지도교수인 자신만은 그 대열에 설 수 없다고 했다. 그 사건을 처리하는 과정에서 관련 부서의 직원들이 책임이나 비난을 회피하기에 급급하고 협조에는 인색하다는 인상을 많이 받은 터라 그 지도교수의 반응은 특히나 인상 깊었다.

J 검사를 지도하는 동안 내가 가진 생각은 이랬다. 천재로 불릴 정도로 영특하긴 하지만, 콕 집어 말할 수는 없어도 그에게는 뭔가 추가적인 교육이나 훈련이 필요했다. 그래서 매일 아침 티타임을 가졌고 대면보고를 자주 하도록 유도했다. 그는 순순히 지휘를 잘 따랐다. 검사의 자세에 대해서도 '인간은 참으로 나약한 존재다. 검사도 인간이므로 항상 깨어 있어야 한다'는 말을 자주 해줬다.

사건의 파장은 종래의 부패 사건과 차원이 다르게 확장 일로였고, 언론에서도 날마다 큼직하게 보도하는 바람에 무척이나 시끄러웠다. 석동현 검사장은 이 사태의 모든 책임을 지고 사직했다.

대검에서 수사한 결과로 J 검사는 사건 관련하여 성뇌물을 받은 뇌물수수혐의로 구속 기소되었다. 나는 그 사건이 일어난 후 거의 날마다 하루에 두어 번씩 J 검사의 성추문과 관련된 말을 듣거나 질문을 받았다. 좋은 꽃노래도 자주 들으면 싫어지는데 해가 바뀌도록 반복되는 건 정말 괴로운 일이었다. 더구나 내가 모시던 차장검사와 징계성 발령을 같은 곳으로 받는 바람에, 그를 마주칠 때마다 상사를 잘못 모신 죄가 상기되어 하루하루가 바늘방석이었다.

공부를 잘한 우등생보다는 기본적인 도덕성이 갖추어진 보통 사람을 검사나 수사관으로 선발하면 좋겠다. 인생의 쓰라림도 겪어보고 삶에 대한 진지한 고민도 해본 사람이 검사가 되어야 남의 아픈 마음도 헤아려줄 수 있기 때문이다. 보통 사람의 잘잘못을 가려야 하므로 더욱 평균적인 사고와 도덕성이 필요하다.

나는 J 검사 사건을 겪으면서 그의 비행을 사전에 막을 수는 없었을까 곰곰이 생각해본 적이 있다. 혹자는 나더러 운이 나빴다고 했다. 하지만 적당한 핑계가 없을 때 '운'을 운운하는 것은 아닐까. 사건이 일어난 이유로 '운'을 대기는 썩 내키지 않는다.

어떤 사람은 이렇게 나를 위로했다. 초등학생 정도의 도덕성을 갖추었다면 발생하지 않았을 사고였다고. 아무리 관리감독을 한다고 해도 성인을 통제할 수는 없는 것이라고. 그렇지만 나에게 관리감독을 소홀히 한 법적인 책임은 없을까. 내가 여전히 해결하지 못한 의문점이기도 하다.

그 후 나는 여러 차례 근무지를 옮겼다. 내가 지방에서 근무할 때 어떤 분이 교도소에 수감 중인 J 검사를 면회하러 가는데 같이 갈 의향이 있는지 물었다. 나는 당시 먼 지방에서 근무 중이라 동행하지 못하고 안부만 전했는데 내내 찜찜한 마음이 남아 있었다.

어느 날 전화기에 모르는 번호가 떴다. 망설이다 받았는데 J 검사였다. 교도소 출소 직후에 전화를 한다고 했다. 전화기 너머로 흘러나오는 목소리는 힘이 없었다. 비록 나와는 한 달 정도 스친 인연이었지만 그는 "부장님이 저 때문에 피해도 많이 보시고…… 죄송합니다"라며 누차 사과를 했다.

그는 그동안 형언할 수 없는 고통을 받은 듯했다. 차마 나는 그를 미워할 수 없었다. 사정을 아는 사람들은 검찰 전체에 큰 피해를 주었다는 이유로 그를 비난한다. 그런데 나는 이상하게도 내 자신이 더 원망스럽다. 그가 이 사건으로 검찰의 명예를 실추시킨 사실이야 지워지지 않겠지만, 인연을 맺은 사람을 이제 와서 미워한다고 해서 사건이 없어지지는 않는다.

그의 성추문 사건도 지금까지 지내온 내 삶의 일부가 된 것은 부정할 수 없는 사실 아닌가. 나는 여전히 그가 검사로서 늘 깨어 있지 못해 그런 잘못을 한 것이라고 여긴다. 출소 후

그것은 쿠데타였다

전화를 한 그에게 "힘을 내서 다시 열심히 보통 사람으로 잘
살아다오"라고만 했다. 이젠 그도 직접 겪은 현실에서 삶의
교훈을 뼈저리게 깨달았을 테니까.

검사의 숙명: 세월호 사건 2014년

나는 2014년 1월 16일 인사발령을 받아 목포지청장으로 부
임했다. 그보다 며칠 전 전임 지청장의 업무 인계인수가 있었
다. 그는 목포를 '참으로 조용하고 일도 힘들지 않은 곳'이라
고 소개했다. 나도 '서울에서 상당히 멀고 서해안 끝부분에
붙은 검찰청(지청)에 설마 사건다운 사건이 있을까' 싶었다.
그러나 업무파악도 채 끝나기 전, 언론에 '염전노예 사건'이
보도되었다. 서울에 있는 한 직업소개소에서 지적장애인들을
'더 나은 일자리'라며 유혹해 신안군 염전에 넘겼고 피해자들
이 염전에서 약 1년 6개월간 강제노역에 시달리다가 "구해달
라"는 내용의 우체국 편지를 가족에게 보냈다. 가족의 신고
로 서울에서 신안까지 출동한 경찰에 의해 피해자들이 구출
되면서 '염전노예'의 실태가 전국에 알려졌다.

우선 목포지청 관내에 염전이 얼마나 있는지 확인했다. 총
978개(신안군 945개, 무안군 26개, 목포시 7개, 전국 1313개)였다.
염전 밀집지역인 신안군은 섬이 1000개가 넘고, 허가된 염전

만 900개가 넘으며, 염전 종사자는 약 1000(비수기)~3000명(성수기 7~8월)이나 되었다. 단속해야 할 지역이 광범위한 데다 검찰과 경찰 등의 합동단속 사실이 언론에 크게 보도되면서 염전업주가 미리 문제될 만한 근로자를 빼돌렸다는 소문까지 돌았다. 염주들이 염전 근로자에게 범한 불법행위 적발에 많은 애로가 예상되었다.

당시 이렇다 할 언론 이슈가 없던 상황이라 '염전노예' 문제가 갑자기 전국적인 이슈로 부상하는 바람에 기자들이 몰려들었다. 단속방법을 고심하지 않을 수 없었다. 노동 및 임금 분야는 근로감독관, 해양 분야는 해양경찰에게만 수사권한이 있어서 효율적인 단속이 어려웠다. 예를 들어 염전업주가 근로자 폭행, 임금 미지급, 준사기(사람의 심신장애를 이용하여 저지른 사기) 사건이 있을 경우, 근로자 폭행과 임금 미지급 부분은 근로감독관만 수사권이 있고, 준사기는 경찰이 수사할 수 있었다. 그래서 경찰, 해양경찰, 노동사무소와 검찰이 합동단속 형태로 관내 염전 전체를 조사했다. 노동사무소와 해양경찰, 경찰에서 동일한 피의자를 수사한 경우, 검찰에서는 같은 피의자의 기관별 수사결과(범죄사실)를 모아서 구속영장을 청구했다. 또 검사가 법원의 구속 전 피의자 심문에도 출석해 구속의 필요성을 적극적으로 개진하고 영장을 발부받는 등 수사를 위해 노력했다.

이렇게 2014년 4월 중순까지 약 두 달간 관내 염전에서 발생한 임금 체불 및 강제근로 등 심각한 불법행위를 확인하고 기소했다. 그렇게 사건을 마무리하고 그다음 주부터는 평온하게 통상 업무에 전념할 수 있을 거라는 희망으로 2014년 4월의 셋째 주를 맞이했다.

그런데 세월호 사건이 바로 그 주 수요일에 발생했다. 2014년 4월 15일 오후 9시경 인천항연안여객터미널에서 6800톤급 세월호가 수학여행을 가는 안산 단원고 학생 325명과 교사 14명, 일반 승객 등 총 476명을 태우고 제주도로 출발했다. 인천항을 출항한 지 약 12시간 후인 다음 날 4월 16일 오전 8시 48분경 전남 진도군 병풍도 북방 1.8해리 해상에 이르러 세월호는 급격히 좌현으로 기울다가 그날 10시 17분경 바다에 전복, 침몰했다. 사고 발생 후 침몰하기까지 세월호에 있던 승객들은 "선내에 대기하라"는 방송만 반복적으로 들어야 했다.

마지막까지 남아 승객을 구조했어야 할 세월호 선장이나 선원들은 대기방송을 믿고 기다리던 승객들을 버려둔 채 배에서 탈출했다. 선박구조를 잘 아는 그들은 바다로 뛰어내리기 좋은 각도로 배가 기울 때까지 기다렸다가 출동한 해경 경비정에 먼저 올라탔다. 현장에 출동한 해양경찰도 승객들을 제대로 구조하지 못해 결국 단원고 학생 250명 등 총 304명의 아까운 인명이 바다에서 사망 또는 실종되는 결과로 이어졌다.

이 엄청난 참사는 TV 등 언론을 통해 전국에 생중계되었다. 발을 동동 구르며 구조되기를 간절히 바라는 전 국민의 염원을 뒤로한 채, 야속하게도 시시각각 침몰하는 세월호와 분통이 터지도록 더디고 무능한 구조 장면이 TV 화면에서 오버랩을 반복했다. 이를 모두 지켜본 국민들은 그야말로 극심한 슬픔과 충격, 분노에 빠져들었다. 특히 어린 학생들의 희생은 국민들에게 '아이들을 제대로 지켜주지 못했다'는 죄책감이 들게 했다. 집단적인 공황상태와 우울증에 빠지게 만들었다. 사건 발생 초기에 선장 등 선원들이 어린 학생들과 승객들을 내팽개치고 자기들만 살겠다고 제일 먼저 배를 빠져나왔다는 사실이 알려지면서 온 국민이 하늘을 찌르는 분노에 휩싸였다. 더구나 정부는 사고 선박에 탑승한 인원이나 구조 인원조차 제대로 파악하지 못하고 오락가락 대처하는 바람에 비판을 자초했다.

사고 당일 목포지청에 '검·해경합동수사본부'를 설치하고 세월호 침몰 원인을 수사했다. 사고 발생 3일 만인 4월 19일

선장과 당직 항해사 및 조타수를 구속하는 등 2014년 4월 16일부터 6월 13일까지 총 38명(32명 구속)을 기소했다. 특히 선장과 기관장, 1등과 2등 항해사에 대해서는 승객들의 사망에 대한 미필적고의를 인정해 부작위에 의한 살인죄로 기소했다.

혹자는 내가 세월호 사건을 수사하며 제대로 된 진상규명과 책임자 처벌을 하지 않았다고 비난한다. 나는 이제라도 세월호 사건 수사팀은 어떻게 구성되었고, 무엇이 수사대상이었으며 그 결과는 어땠는지 설명하고 싶다. 구차한 변명 대신 독자들이 나의 책임과 한계를 판단하는 데 도움을 드리고 싶다.

내가 목포지청장으로 근무할 당시 세월호 사건 수사는 앞서 말한 대로 세월호의 침몰 원인 및 결과, 그리고 희생자 구조 과정에서 발생한 해경 등에 제기된 의혹에 대한 수사로 진행되었다. 말하자면 두 갈래였다. 전자는 내가 지휘하는 목포지청에서 수사하고, 후자는 광주지검 본청에서 수사했다. 구조 과정에서 해경에 대한 비판이 쇄도하자 목포지청의 침몰 원인 수사팀과는 별개로 독립적인 수사팀을 구성할 필요가 있었던 것이다.

광주지검장이 직접 지휘하는 '세월호 구조 과정 수사팀'을 광주 본청에 별도로 구성해서 수사를 시작했다. 내가 지휘하는 검·해경합동수사본부에서는 청의 규모나 수사인력 및 구성, 수사상황 등을 고려할 때 별도로 수사팀을 구성하기는 어려웠고, 무엇보다 차장검사급인 목포지청장 차원에서 지휘할 성질의 수사가 아니라는 점도 고려되었다. 새로이 구성한 세월호 구조 과정 수사팀은 광주지검 본청 검사장에게만 수사진척 상황을 보고했다. 목포지청장은 상급자인 본청 검사장이 지휘하는 세월호 구조 과정 수사팀에 일절 관여할 수 없었다.

목포지청의 수사결과로 앞서 언급한 바와 같이 세월호 선장 등 총 38명(구속 32명)을 기소했고 대부분 대법원까지 유죄가 확정되었다. 광주지검의 세월호 구조 과정 수사팀은 진도 해상교통관제센터(VTS) 부실관제, 해경의 늑장대처, 인명구조를 위한 필수조치 불이행, 해경과 구조업체 언딘의 유착, 해경의 허위상황보고서 작성 및 전파 등 각종 의혹을 수사했다. 그 결과 광주지검은 직무를 태만히 한 진도 VTS 센터장을 구속 기소하는 등 5월 29일부터 10월 6일까지 총 17명(구속 5명)을 기소했다. 여기에는 현장에서 구조 활동을 했던 목포해경 123정 정장(김경일)이 포함되었다(징역 3년 확정). 그럼에도 불구하고 해경의 부실구조 등에 대한 비판과 의혹제기는 계속되었다.

세월호가 가라앉고 다섯 해가 지난 2019년 11월, '세월호 참사 특별수사단'(단장 임관혁 검사)이 검찰에 설치되었다. 해경의 부실대응 의혹, 법무부의 외압 의혹 등에 대해 검찰이 다시 전면적인 수사에 나선 것이다. 그 결과, 임관혁 검사가 지휘한 세월호 참사 특별수사단은 2020년 2월 김석균 전 해경청장 등 지휘부 11명을 기소했다.

이어 2020년 12월 10일 국회에서 '세월호 참사 증거자료의 조작·편집 의혹'을 수사할 특검 요청안이 의결되었다. 2021년 4월 특별검사(이현주 변호사)가 임명되어 수사를 진행했는데, 같은 해 8월 10일 이현주 특검은 '증거 없음'으로 수사를 종결했다. 이후에도 임관혁 검사 팀이 기소한 피고인들의 재판이 지속되었지만 2023년 11월 대법원에서 모두 무죄 확정되었다. 답답할 따름이다. 평가는 내 몫이 될 수 없으므로 나는 당시 심신이 피폐해질 때까지 나의 소명을 위해 모든 것을 쏟아부었다는 사실만을 기억하기로 했다.

침과대단(枕戈待旦). 창을 베고 자면서 아침을 기다린다는 뜻이다. 내가 목포지청을 떠나기 전, 옆에서 지켜보던 지인은 나와 목포지청 전 직원들의 수고를 한마디로 '침과대단'의 생활이었다고 평가했다. 열심히 일한 것을 자랑하려는 의도는 아니다. 다만 2014년 한 해를 보낸 심경을 가장 적절히 그려 낸 표현이라고 생각한다. 당시에 목포지청 소속 직원들은 모두 긴장의 끈을 놓지 않고 거의 24시간 내내 근무했다.

선배들로부터 귀가 따갑도록 들은 말이 있다. "검사가 어떤 사건을 수사한 것은 검사의 수사능력이 뛰어나서 그런 것이 아니라 단지 그 자리에 있었기 때문이다." 시간이 지날수록, 곱씹어볼수록 맞는 말이다. 나에게 능력이 있어서 그 일을 한 것이 아니라 그 자리에 있었기 때문에 한 것이다.

그것은 쿠데타였다

흔들리는 헌법:
윤석열과 정치검찰

그것은 쿠데타였다

최근 사표를 던진 어느 검사장의 심경에 나는 적잖이 공감했다. 그가 퇴임의 변에 적은 취지를 간략히 정리하면 이렇다. '현재의 정치적 상황에 비추어 검찰에 위기가 닥칠 것이다. 그것은 조직의 존폐와 무관치 않다.' 나는 이 말을 듣고 일부 검사들이 중립성과 공정성을 잃고 정치의 단맛을 좇을 경우 발생할 수 있는 결과라고 생각했다. 이것이야말로 검찰이 일찍이 겪어보지 못한 조직의 존폐 위기라는 점은 틀림없다.

문재인 정부의 검찰개혁은 실패했다. 그 증거가 바로 대통령 윤석열이다. 그는 검찰 내 자신의 패거리를 동원해 문재인 정권의 개혁의지를 앞장서 방해했고, 한술 더 떠 자신의 행위를 정의로 포장했다. 이른바 보수언론들을 활용해 국민의 눈과 귀를 속였다. '살아 있는 권력을 향한 수사는 공정할 것'이라는 세간의 믿음을 역이용한 것이다. 청와대는 윤석열 사단이 제공해준 적폐청산의 성과에 취해서 검찰 패거리의 위험성을 간과했다.

마침내 윤석열은 선거라는 합법적인 제도를 이용해 권력을 쥐었으나 내용상으로는 전두환의 '하나회'가 한 짓과 크게 다르지 않다. 굳이 구별하자면 전두환은 총으로 위협했고, 윤석열은 국민과 인사권자에게 기만전술을 사용한 점이 다르다고 하겠다. 그런 의미에서 보면 그것은 쿠데타였다.

윤석열은 결과적으로 자신의 정치적 야망을 위해 검찰조직을 제물로 팔아먹은 셈이다. 하지만 그도 대한민국 민주주의 발전에 딱 한 가지 기여를 했다. 그는 정치권력을 잡는 과정에서 검찰의 조직 내부가 썩어 있다는 사실을 만천하에 드러내주었다. 그리하여 특정 패거리만의 집단이기주의와 불공정하고 무도한 수사관행을 척결하려는 검찰개혁의 당위성과 국민적 저항의 명분을 재확인시켜준 공로는 인정한다.

전혀 준비되지 않은 대통령

윤석열에게서는 국가의 장래를 위한 통치철학이나 집권 후 플랜을 찾아볼 수 없다. 오죽하면 이른바 '본부장(본인, 부인, 장모)' 비리 등을 덮고 처벌을 면하려고 대권에 도전한 것 아니냐는 의심이나 비판을 받겠는가.

2023년 9월 시민언론 더탐사에서 공개한 윤석열 당시 대선 후보의 녹취록을 들어보면 가히 충격적이다. 이 녹취록은 2021년 7월 윤석열이 국민의힘 입당 전에 제3지대 지지자와 통화한 내용으로 추정된다. 녹취를 들은 국민들은 '윤석열이 원래 거친 사람일 것이라고는 짐작했지만 설마 이 정도일 줄은 몰랐다'고 느꼈을 것이다.

"저는 정권 교체하려고 나온 사람이지 대통령 하려고 나온
사람이 아니에요. 대통령도 저는 그런 자리 자체가 저한테
는 귀찮습니다. 솔직한 얘기가. 그러나 어쨌든 이거는 엎어
줘야 되고, 그리고 국힘에 이걸 할 놈이 없어. (중략) 저는 선
생님보다 국힘 더 싫어해요. 제가요 민주당보다 국힘 더 싫
어해요. (중략) 그때 제가 들어갔으면 (중략) 국힘의 101명 중
에 80명은 앞에다 줄을 세웠어. (중략) 사실은 진작에 했었어
야 되는 거야. 그래서 이놈의 당을 바꿔버렸어야 되는 건데.
(중략) 일단 당원을 왕창 늘려가지고 국힘 내부를 갖다 뒤집
어엎은 다음에 3개월 안에 쇼부 나요."◆

이 녹취록의 하이라이트는 "쥐약 먹은 놈들", "만약에 이
놈 새끼들 가서 개판 치면 당 완전히 뽀개버리고"라는 말들
이다. 자신을 대통령 자리에 올려놓은 당에 대한 인식이 윤석
열에게는 처음부터 이런 것이었다.

◆ 〈국힘당 뽀개고, 당 대표 날리고, 대통령도 귀찮다는 윤석열의 FULL 녹
취〉, 시민언론 더탐사, 2023. 9. 7.

그것은 쿠데타였다

2023년 10월 24일 오마이뉴스에 실린 강인규 교수의 칼럼은 문제점을 정확히 파악하고 있다. 이 글은 "박근혜와 이명박을 그리워하게 될 줄은 몰랐다"로 시작된다. 오죽하면 탄핵으로 쫓겨나고 뇌물과 횡령 등의 범죄로 수감되었던 전직 대통령이 차라리 낫다는 말이 돌겠는가.

이 서글픈 한탄 속에는 현 대통령에 대한 단순한 실망을 넘어, 깊은 우려가 담겨 있다고 생각합니다. 무엇보다 큰 염려는 윤석열 대통령의 예측 불가능성일 것입니다. '또 무슨 일을 저지를까'라는 불안감을 지속적으로 품게 만든다는 점에서, 그는 확실히 '급'이 다른 대통령임에 틀림없습니다.

누가 상상이나 할 수 있었을까요? 미국을 비롯한 전 세계 지도자가 집결한 현장에서 한국 대통령이 걸쭉한 비속어를 내뱉으리라고 말입니다. 하지만 이 사태는 시작에 불과했습니다. 차라리 그런 겁 없는 태도로 한국 이익을 위해 싸우기라도 했다면 나았겠지만, 그는 미국과 일본 앞에서 나약하기 짝이 없는 '예스맨' 역할을 해왔을 뿐입니다. 그 결과 시민들의 삶과 한국 경제는 외풍에 이리저리 흔들리는 위태로운 등불 신세가 되었습니다. (중략)

그는 입이 떡 벌어질 만큼 터무니없는 일을 저질러놓은 후,

시민들이 사태를 온전히 이해하기도 전에 또 다른 사건을 터뜨리는 행태를 반복하고 있습니다. 사방팔방 뛰어다니는 표적을 맞히기 힘들듯, 저돌성과 결합한 몰상식에 대응하기는 쉽지 않습니다.◆

2022년 9월 22일, 뉴욕 순방 중에 방송카메라에 포착된 윤석열식 비속어를 온 국민이 듣게 되었다. 많이들 놀랐을 것이다. 하지만 내게는 전혀 새로울 게 없었다. 내가 서울중앙지검장 시절에 겪은 황당하고 모욕적인 순간을 차마 그대로 옮길 수 없어서 언론에는 정제된 표현으로 말하곤 했다. 있는 그대로 옮기면 내 입까지 더러워질 뿐 아니라 조직의 명예도 손상될 것 같아서였다. "니가 지금 눈에 뵈는 게 없나" 정도로 순화했지만, 검찰총장이었던 그가 전화를 걸어 그의 측근이 관련된 채널A 사건을 수사하는 내게 한 말은 사실은 그보다 훨씬 거친 쌍욕이었다. 수화기 너머에서 내 귀로 들려온 단어는 분명히 '눈깔'이었고, "니가 지금 뒈질라고 환장했나"라는 표현도 생생하다. 당시 나는 몹시 모멸감을 느꼈지

◆ 〈왜 무정부상태 같을까… 수수께끼 풀린 윤 정권의 실체〉, 오마이뉴스, 2023. 10. 24.

만, 그다지 새로울 것도 없었다. 그는 원래 시정잡배의 욕설을 입에 달고 살았다. 1000명이 넘는 직원을 지휘하는 기관장에게 공무상 대화를 하면서 반말도 모자라 무식한 욕설을 거침없이 쏟아내는 자다. 그런 사람이 지금 대통령이라는 막중한 자리에 앉아 있는 것이다.

> 윤 대통령은 단지 야당과의 대화를 거부하는 데 그치지 않았습니다. 그는 광복절 경축사에서까지 자신의 정책을 지지하지 않는 사람들을 향해 "공산전체주의를 맹종하며 조작선동으로 여론을 왜곡하고 사회를 교란하는 반국가세력"이라고 비난했습니다. 다른 날도 아닌 광복절에 내놓은 '경축사' 치고는 매우 기괴하다 하지 않을 수 없습니다. (중략)
>
> 이제 윤 대통령이 갈등과 반목을 중단하고 실용 노선의 길을 걷게 될까요? (중략)
>
> 제가 일 년 반 가까이 대통령을 지켜보며 내린 결론은, 그럴 가능성은 없다는 것입니다. 이념을 내세웠던 탓에 현안에 집중하지 못한 게 아니라, 현안에 대한 해결책을 찾지 못한 탓에 이념에 집중했다고 보기 때문입니다. ♦

이 대목도 충분히 수긍한다. 사람은 고쳐 쓰기 어렵다는 옛 어른들의 말을 진작 실감했기 때문이다. 검사 윤석열은 대화를 제대로 할 줄 모르는 사람이었는데 지금도 달라지지 않은 듯하다. 한 시간 회의를 하면 59분은 혼자 떠든다는 소문이 사실이라고 믿는 이유다. 30년을 곁에서 지켜보았지만 나는 그가 남의 말을 경청하는 모습을 보지 못했다. 검사 시절에도 그는 두서없는 말을 중언부언하기 일쑤였다. 말본새에 문제가 있다는 것은 이제 누구나 다 안다.

정치는 종합예술이다. 모든 분야를 섭렵할 수는 없겠지만 분야별로 기본 소양을 갖출 필요는 있다. 그러자면 상대의 말을 듣는 자세는 대화의 기본 아닌가. 굳이 헌법을 논하지 않더라도 우리는 민주국가에 살고 있다. 역지사지의 품성을 갖추지 못하면 남을 배려하지 못한다. 민주주의자가 아닌 사람이 민주국가를 이끌 수는 없다. 상대의 입장을 배려하는 품성이야말로 국민 개개인을 나라의 주인으로 인정하는 기본기이기 때문이다.

대통령이 '40년 지기'를 헌재소장 후보에 지명한 날은 18일

◆　〈왜 무정부상태 같을까… 수수께끼 풀린 윤 정권의 실체〉, 오마이뉴스, 2023. 10. 24.

로, 그가 대통령실 참모들에게 "국민은 늘 무조건 옳다. 어떤 비판에도 변명해선 안 된다"고 말했다던 날입니다. 그리고 사흘 뒤 들려온 소식은 육군사관학교가 홍범도·김좌진·안중근 열사를 기리던 '독립전쟁 영웅실' 철거를 시작했다는 속보였습니다. '반성'과 '변화'는 말이 아니라 행위에서 드러나는 법입니다.

이 모든 것은 무엇을 말해줄까요? 윤석열 대통령이 소통을 안 하는 사람이 아니라 못 하는 사람이라는 사실입니다. 그에게 상대는 두 부류로 나뉘는 듯합니다. 철저히 굴복시킬 대상 아니면 완전히 복종해야 할 대상으로 말입니다. 타협과 중재는 그의 세계관에 존재하지 않는 듯합니다. 이는 당연히 현대 민주국가의 지도자로서 심각한 자질 결여를 의미하지만, 그는 충분한 시간을 두고 대중들에게 평가받지 못한 채 대통령에 당선됐습니다.

윤 대통령은 1960년대생입니다. 성인으로서 삶 대부분을 민주화가 성취된 한국사회에서 살아온 그가, 어떻게 그런 독선적이고 억압적인 태도를 지닌 채 검찰조직의 지도자 역할을 해올 수 있었을까요? 또한 그처럼 고압적 태도를 지닌 사람이 미국이나 일본 지도자 같은 소수에게는 그렇게 철저히 복종할 수 있을까요?

저는 이에 대한 해답을 한국 검찰조직의 특수성 속에서 찾을 수 있었습니다. 역사적으로 한국 검찰은 사회의 민주적 변화 속도를 따라잡지 못한 정도가 아니라, 도리어 역행해온 독특한 조직입니다. 윤석열 대통령이 퇴행적 리더십을 몸에 익힌 공간이기도 하고요. '철저히 굴복시키거나 완벽히 복종하는' 이분적 태도는 한국 검찰이 작동해온 방식이기도 합니다.◆

나는 위 분석에 한 가지를 보태려고 한다. 강자에 약하고 약자에 강한 대한민국 검찰의 케케묵은 습성에 대해서다. 일제강점기부터 권력자에 빌붙어 사냥개 노릇을 하던 자들이 검찰의 수장을 맡아왔고 군사정권에서는 그 비굴함이 출세의 수단으로 활용되었다고 본다. 검사 윤석열은 자신의 수사방식을 사냥감 몰이에 비유하며 자랑하곤 했다. 무지막지하게 몰아대는 절제 없는 수사방식도 약자 위에 군림해온 습성의 연장선으로 볼 수 있다. 자신이 강대국으로 믿고 있는 미국과 일본의 권력자를 대하는 그의 태도 역시 여기서 크게 벗어나

◆ 〈왜 무정부상태 같을까… 수수께끼 풀린 윤 정권의 실체〉, 오마이뉴스, 2023. 10. 24.

그것은 쿠데타였다

지 않아 보인다.

　강인규 교수를 비롯한 많은 지식인들이 지금의 정국을 무정부 상태라고 비판한다. 책임질 줄 모르는 대통령이 방향성도 없이 권력만 휘두르기 때문이다. 그가 여전히 서초동에서 용산으로 집무실만을 옮긴 검찰총장에 불과하다는 뜻일 게다.

　혹자는 그를 도자기박물관에 들어간 코끼리에 비유한다. 굳이 나쁜 의도가 아니라 해도 그가 움직일 때마다 그 존재만으로 기어이 사달이 나기 때문이다. 준비도 없이 권좌에 앉은 그가 차라리 아무것도 하지 않으면 아무 일도 일어나지 않을 것이라고 말하는 사람도 있다. 그를 잘 안다고 자부하는 나도 이 말에 수긍하는 바다. 무정부 상태를 경험하는 국민들이 그에 대해 수사하듯 정치를 한다고 평하는 것도 무리는 아닐 성싶다. 그는 여전히 '사냥꾼 검사'의 티를 벗지 못한 것으로 보인다. 많이 안타깝다.

김건희 특검과 윤석열의 내로남불

나는 서울중앙지검장 시절에 윤석열 전 총장 부인 김건희의 주가조작 사건과 그의 장모 최은순 사건을 지휘한 바 있다. 2023년 10월 13일 도이치모터스 주가조작에 가담한 투자자문사 임원이 징역형을 받았다. 2021년 12월부터 도이치모터스 권오수 회장의 재판이 시작되었고, 김건희 계좌가 주가조작에 사용되었다는 법원 판결까지 나왔다.

도이치모터스 주가조작 사건 수사팀은 피의자 김건희를 단 한 번도 소환조사하지 않았다. 반면 셀 수 없을 정도로 반복된 야당 대표에 대한 압수수색은 법원의 구속영장 기각으로

그것은 쿠데타였다

귀결되었다. 권력의 하수인이 되어 권력자에 아첨하고 정적 죽이기에 편승하면 무도하고 무리한 수사로 이어지기 마련이다. 검찰조직에 대한 신뢰가 추락하면 국민은 더 이상 그들이 수사한 결과를 믿어주지 않는다. 한때 정치군인들과 조직폭력배를 구별하기 어려웠듯이, 이제 정치검사와 깡패를 구별하기 어렵다는 비아냥거림에 나는 마음이 불편해진다. 살아 있는 권력에 대한 수사로 '권력'을 잡은 정권의 민낯이 너무도 일찍 드러나버렸다. 그 불공정함이 그저 황당할 따름이다. '살권수(살아 있는 권력 수사)가 곧 검찰개혁'이라고 외치던 검찰은 어디로 갔는가.

국회에서 패스트트랙(신속처리안건)으로 지정된 '쌍특검법'(대장동 50억 클럽 사건과 김건희 도이치모터스 주가조작 사건)이 자동 상정되어 2023년 12월 28일 마침내 통과되었다. 거대 야당의 힘으로 각각 찬성 180표와 181표를 얻은 것이다. 하지만 특검이 탄생되기는 결코 쉽지 않아 보인다. 용산 대통령실에서 곧바로 거부권을 행사하겠노라고 선언했고, 2024년 1월 5일 특검법은 거부되었다. 여론조사마다 응답자의 70퍼센트 이상이 대통령이 거부권을 행사하면 안 된다는 반응이었다. 그럼에도 불구하고 그가 거부권을 행사할 것이라고 나는 오래전부터 짐작하고 있었다. 주변에서 물어올 때나 방송에 나가서도 내가 그렇게 대답한 이유가 있다. 그가 여론에 귀를 기울이는 사람이 아니라는 걸 잘 알기 때문이었다. 나는 그에게서 정치인의 자질을 발견하지 못했다. 그는 집무실만 서초동에서 용산으로 옮긴 검사일 뿐이다. 여전히 그는 타인의 입장을 배려하고 역지사지하는 정치적 인간으로 진화하지 못했다고 본다.

대통령의 거부권은 국회에 재의를 요구하는 절차로 이어진다. 즉, 재적의원 과반의 출석과 출석의원 3분의 2의 동의를 얻어야 대통령의 거부권이 무효화되어 마침내 특검법이 만들어질 수 있다. 그러나 정치검찰이 흔들어대는 이른바 검찰 캐비닛이 걸림돌이다. 또다시 어떤 혐의를 씌워 국회의원들을 겁박할지 모른다는 걱정들을 한다. 여야를 막론하고 의원들이 지레 겁을 먹으면 여당에서 이탈자가 나오더라도 소수에 그칠 것이고 무기명투표라 해도 200명의 찬성을 얻기가 녹록지 않을 것이다.

김건희 주가조작 사건은 내가 서울중앙지검장 시절 지휘했던 사건이니 나만큼 그 실체에 근접한 인물도 드물 것이다. 사건을 맡은 수사 초기에서부터 그 자리를 떠나기 전까지 자료를 수집하고 관련자들의 계좌 확보에 공을 들여 오늘날 특검법 상정에 이르도록 한 노력이 아까워서라도 내가 진실을 밝히는 데 앞장서려 한다.

나는 언젠가 검사와 정치인의 다른 점에 대해서 질문을 받은 적이 있다. 그래서 "표를 먹고 사는 정치인은 균형감각과 남을 배려하는 습성을 가져야 한다"라고 대답해주었다. 속마음은 다를지라도 적어도 그런 척이라도 할 줄 알아야 정치를 하는 것이다. 하지만 대한민국 검사는 굳이 남의 눈치를 보지 않아도 일을 하는 데 문제가 되지 않는다. 조작수사나 억지 기소로 무죄가 나와도 미안해하거나 사과하지 않는다. 그래도 사는 데 지장이 없다.

야당 대표에게는 주야장천 수백 번씩 압수수색을 하고, 웬만큼 물증이 나온 자신의 아내에게는 한없이 관대하여 소환조사 한 번을 안 해도 불공정하다는 마음이 없어 보인다. 그가 빈말이라도 엄정한 수사를 지시하지 않을 거라고 생각하는 이유다.

최근 정부 관계자와 여권 인사들이 심심치 않게 '도이치모터스 사건이 특검의 대상이 되지 못한다'는 발언을 하고 있다. 그 이유인즉 지난 문재인 정부의 검찰이 샅샅이 뒤졌지만 이렇다 할 증거를 찾지 못했다는 것이다. 그러니 특검이 재수사를 해도 특별히 더 나올 증거도 없을 것이므로 특검 수사 자체가 무의미하다는 취지다.

게다가 그들은 지난 정부에서 주가조작 사건 수사를 지휘한 나를 주저 없이 거론한다. 특검 물타기용으로 갖다 붙이는 것이다. '친문'이며 동시에 '반윤' 인사인 이성윤의 책임하에 수사를 해도 기소를 못 했는데 무슨 특검을 운운하냐는 주장이다.

나는 이 보도를 접하는 순간 피가 거꾸로 솟았다. 그들의 적반하장이 그야말로 황당했다. 당시 추미애 장관이 윤석열 검찰총장에게 가족 수사에 관여하지 말라는 지휘를 했지만 장관의 지시는 아무런 효력이 없었다. 언론은 오히려 그때의 서울중앙지검장이 이성윤이었다고 말할 게 아니라 김건희 수사 당시의 검찰총장이 윤석열이었다는 점에 주목해야 한다.

실질적인 인사권을 가진 총장이 서슬 퍼렇게 내려다보고 있는데 어느 검사가 나서서 감히 총장 부인을 수사하고 기소한단 말인가. 더구나 형식적으로 제외된 그 사건 말고는 총장이 모든 사건을 지휘하며 일선 검사들에게 영향을 미치고 있었다. 그런 상황에서 오히려 보수언론들은 이성윤 서울중앙지검장이 총장에게 항명한다며 사퇴를 종용했다. 서울중앙지검장의 부하 검사들은 수사의지를 잃었고 그들에 대한 인사권도 없는 나는 이른바 왕따가 되어 있었다.

이런 난국에서도 나는 일일이 부하들을 설득하여 한 걸음

그것은 쿠데타였다

씩 나아갔다. 자료를 모으고 증거를 확보해 차기 지검장에게 넘겨주고 서울중앙지검을 떠났다. 윤석열 총장이 사표를 낸 뒤의 후임 서울중앙지검장이 왜 기소를 못 했냐고? 나도 그것이 궁금하긴 하다. 하지만 짐작컨대 사표를 내자마자 대통령 후보가 되어 어퍼컷 세리머니를 하고 다니는 윤석열을 검찰이 두려워하지 않았나 싶다. 게다가 유력한 대선 후보가 '자신의 아내는 전문가라는 자에게 거래를 위탁하고 오히려 손실을 보았다'고 주장했다. 주가조작으로 김건희가 이익을 취한 증거를 찾으려던 검사에게는 그것이 수사의 가이드라인이 되어 엄청난 부담으로 작용했을 것이다.

나의 서울중앙지검 재직기간은 이 수사의 초기단계였다. 하지만 천신만고 끝에 그렇게라도 자료와 증거를 확보해놓지 않았더라면 그 뒤로 주가조작 공범들을 구속시키지도 못했을 것이다. 더구나 법정에서 김건희의 여러 계좌가 주가조작에 이용된 사실이 밝혀지지 않았나. 윤석열 후보의 손실 주장도 거짓으로 밝혀졌다. 그러므로 야당 대표에게만 선거법상 허위사실공표의 책임을 묻지 말고, 같은 이유로 윤석열의 혐의도 당연히 수사대상이 되어야 마땅하다. 이제는 누가 특검이 되더라도 의지만 있다면 이미 확보된 자료와 물증을 기반으로 충분히 진실을 밝혀내고 수사를 완성할 것이라고 믿는다.

서울중앙지검장 시절 내가 수사 중에 다른 검찰청으로 이임되는 바람에 마무리하지 못했던 김건희의 주가조작이나 코바나컨텐츠 협찬 의혹 등은 반드시 밝혀야 한다.

이른바 '김건희 특검법'에는 주가조작 이외에도 서울 – 양평고속도로 노선 변경, 디올백 사건 등 국민적 의혹을 모두 수사대상에 올리는 것이 맞다고 생각한다. 이른바 '김건희 종합특검'이 되어야 한다.

지금 이 시간 살아 있는 권력이 누구일까. 사람들은 누가 용산 대통령실을 움직이는지, 누가 진짜 실세인지, 뒤에서 조종하는 자가 따로 있는지 알고 싶어 한다. 어느 정도 짐작이야 하겠지만 아직 구체적으로 드러나지는 않았으므로 특검을 통한 성역 없는 수사는 그 실체와 내막도 드러내줄 것이다. 그 과정에서 윤석열의 이른바 '본부장' 비리가 드러날 것이며 마침내 한 줌도 못 되는 이른바 윤 사단이 장악한 검찰을 국민의 품으로 돌려줄 수 있을 것이다. 그것이 정의라는 나의 믿음에는 변화가 없다.

삼권분립의 헌법정신을 충실히 받들어 검찰 관련 법률을 정비하고 인적청산을 서둘러야 한다. 저항이 거셀 것이다. 하지만 전 국민의 신뢰와 응원으로 밀고 나갈 수밖에 없다. 그래야 진정한 검찰개혁이 제도적으로 안착된다.

"사냥하듯" 사람을 죽이는 수사

윤석열은 여주지청장 시절이던 2013년 10월 국정감사에서 "수사라는 게 초기에 사태를 장악해야 한다. 표범이 사냥하듯 수사해야 한다"라고 수사를 사냥에 비유해서 공개적으로 발언한 일이 있다. 그는 평소에도 "사냥하듯" 표적을 수사하라는 비유를 즐겨 사용한다.

'수사는 사냥이다'라고 할 때, 검찰이 어떻게 수사를 하는지는 대부분의 국민들이 언론보도 등을 통해서 익히 알고 있을 것이다. 요즘은 초등학생이 울기만 해도 "압수수색 들어온다"라고 하면 뚝 그친다는 유행어가 시중에 돌 정도다. 그

125

만큼 압수수색이 많고 또 강압적이라는 뜻이리라.

압수수색이 언론에 지나치게 자주 보도되면서 그 폐해도 심각하다. 양승태 전 대법원장은 2019년 3월 시작한 사법농단 재판을 지금도 받고 있다. 양 전 대법원장이 2021년 4월 자신이 피고인으로 재판을 받는 재판정에서 "한 언론이 실시간으로 중계방송한다고 할 정도로 수사상황이 쉬지 않고 보도되고 있다. 그러한 과정에서 모든 정보가 왜곡되고 결론이 마구 재단되어 일반 사회에서는 직무수행 과정에서 상당한 범죄를 저질렀다는 생각에 젖어들게 만들었다"라고 말했다. 이는 '윤석열 사단'의 수사방식을 지적한 것이라 짐작된다.

이른바 '윤석열 사단' 검사들은 민생 사건보다는 기획·표적·보복 수사에 집중한다는 비판이 많다. 사람을 살리는 수사가 아니라 죽이는 수사를 한다는 것이다. 이러한 비판은 윤석열 정부의 경찰도 예외가 아니다. 2022년 10월 29일 이태원 골목의 압사사고도 이와 무관치 않다. 마약사범을 잡으려고 경찰을 동원하느라 교통정리 인력을 배치하지 못한 인재였다는 지적이 나오지 않았는가 말이다. 이슈는 이슈로 덮는다. 사회적 이목이 집중되는 사건에서 일반 대중의 관심을 다른 쪽으로 돌리려다 보니 좀 더 자극적인 이슈를 필요로 한다. 연예인과 마약은 과거부터 정치검사들도 선호하는 조합이고 단골메뉴다. 그들은 이윽고 연예인을 끌어들여 불리한 상황을 전환시킨다.

배우 이선균의 죽음이 단적인 예가 될 것이다. 총선을 앞둔 시점에 윤석열의 배우자인 김건희의 디올백 수수 현장이 찍힌 영상이 보도되고 주가조작 사건을 특검으로 수사하라는 여론이 들끓자 유권자의 관심을 돌릴 만한 흥밋거리가 필요했을 거라는 짐작이 나만의 심증일까. 영화 〈기생충〉으로 세계적인 스타가 된 이선균이 마약수사의 제물이 되어 언론의 '조리돌림'을 당하다 극단적인 선택을 했다. 비보를 접하고 나는 한동안 망연자실했다. 그리하여 2023년 12월 27일은 내게 몹시도 아픈 날이 되었다. 그는 세 차례나 약물검사에서 음성판정을 받았음에도 포토라인에 반복적으로 세워져 징역보다 치명적인 '명예상실의 형벌'을 받았다. 재판도 없이 회복 불가능한 처벌부터 받은 셈이다.

불현듯 윤석열 전 총장과 그 사단의 수사에 치를 떨던 순간이 내 눈앞에 스쳤다. 검찰은 유사 이래 처음으로 현직 서울중앙지검장인 나를 기소했다. 또 내가 이임한 이후에 또 다른 사건 수사를 핑계로 서울중앙지검 입구에 나를 세웠다. 나는 기관장으로 재직하던 바로 그 건물 현관에서 플래시 세례를 받았다. '언론을 동원한 망신주기'를 당해본 나는 이선균 사건이 결코 남 일 같지 않다.

　권력기관에 패거리 문화가 자리 잡으면 법과 원칙과는 거리가 멀어진다. 정치적 결정을 하는 등 엉뚱한 생각에 빠지게 되므로 견제와 균형에 따른 결정을 할 수 없다. 패거리 문화에 휩쓸리는 자들은 피의사실공표도 아무렇지 않게 저지른다. 이러한 불법적 관행부터 없애는 것이 개혁의 시작이 될 것이다.

그것은 쿠데타였다

검찰 특활비, 휘발되는 영수증

검찰의 특수활동비가 세간의 화제이자 온 국민의 걱정거리가 되었다. 국민의 혈세가 세금도둑의 먹잇감이 되어 줄줄 새어나가는 게 아니냐는 우려가 검찰에 적용된 것이다. 임은정 대구지검 부장검사는 검찰의 특활비에 대해 이렇게 일갈했다. "검찰 고위간부가 원하는 수사를 하는 검사, 예뻐하는 검사들에게 주는 당근."◆

한 언론에서는 특활비에 대해 다음과 같이 지적했다.

_____

◆　〈신장식의 뉴스 하이킥〉, MBC 라디오, 2023. 7. 7.

"특활비는 용돈이라고 생각한다."

"문제가 됐던 것은 총장이 특활비라고 부르는 돈을 비정기적으로 지급한 행위다."

"(자신에게 불리한) 채널A 사건을 수사한다고 돈을 주지 않았고, 판결문에 나온 그대로 오히려 수사를 방해했다."

"총장이 원하는 사건은 인력과 파견도 엄청 늘려주고 그 수사결과를 내라고 한다."

"쌈짓돈이다 보니 영수증도 없고 누가 쓰는지도 알 수 없다."◆

내 경험으로 봐도 검찰의 잘못된 관행에는 지적할 점이 많다. 내가 서울중앙지검장으로 수사지휘를 하던 시절의 일이다. 수사팀이 좀처럼 움직이지 않는 상황에서 수사비마저 부족하니 '개인적으로 대출을 받아서라도 수사비를 줘야 하나' 하는 고민에 휩싸이곤 했다. 이런 와중에 윤석열 전 총장이 기관장인 나를 건너뛰고 내 부하 검사에게 수사비를 직접 준 사실을 알게 되었다. 짐작컨대 그런 경우는 처음도 아니었고, 일회성도 아니었다. 나는 이내 그 돈의 의미를 알 수 있었다.

◆   임은정 검사 인터뷰, 〈김어준의 겸손은힘들다 뉴스공장〉, 2023. 7. 31.

그것은 쿠데타였다

내가 '윤석열 사단'을 전두환의 '하나회'에 비견된다고 한 이유이기도 하다.

2023년 7월 23일 페이스북에 올라온 한동수 전 대검 감찰부장의 목소리는 내 견해를 좀 더 자세히 설명해주고 있다.

검찰총장의 자유판단으로, 또 현금으로 집행하는 특수활동비는 아래와 같은 두 가지 경우로 생각해볼 수 있습니다. 첫째, 업무와 관련 없이 지급된다면, 돈을 받은 사람을 '내' 사람으로 만듭니다. 현재 또는 미래에 '나'를 위해 일할 수 있도록 합니다. 이 경우는 사안에 따라서 범죄와 비위 가능성까지 문제될 수 있습니다.

둘째, 업무와 관련하여 지급된다면, 돈을 받은 검사에 대하여 굳이 말하지 않더라도 그가 담당하고 있는 사건 수사의 속도와 범위, 방향과 결론에 관한 분명한 메시지가 전달되게 됩니다. (중략)

어느 경우든 월급 외에 주는 100만, 1000만 단위 이상의 뭉칫돈입니다. 특히 지휘계통에 따라 기관장을 통해 내려간 것이 아니라, 검찰총장이 검사 개인에게 직접 지급하였을 때에는 당사자에게 다가오는 의미가 확연히 차이가 나므로 위와 같은 위험이 더욱 커질 수 있습니다. (중략) 참고로 대검 감찰부장으로 재직할 때, '특활비는 종국적으로 없어져야 한다. 업무추진비로 대폭 전환하고, 현금 아닌 카드를 사용하도록 해야 한다. 검찰총장도 회계 감사를 받아야 한다'는 내부 목소리를 들은 적이 있습니다.

한동훈 당시 법무부 장관은 글씨를 가리고 복사한 영수증을 국회에 제출해놓고, '오래 보관하다 보니 글씨가 휘발'되었단다. 오죽하면 세간에 '휘발놈의 영수증'이라는 비아냥거림이 나오겠는가.

상황이 이런 지경에 이르렀으니, 이럴 거라면 차라리 특활비 자체를 없애는 게 낫겠다는 생각이 든다. 꼭 필요한 경우에는 상대적으로 투명한 관련 항목의 예산을 법이 허용하는 한도 내에서 집행하면 될 것이다. 군대 내의 사조직이 더 이상 허용되지 않듯이 검찰 내의 사조직 또한 반드시 사라져야 한다. 검찰주의는 집단이기주의와 다르지 않다. 검찰주의라는 이기적 이념의 부산물인 카르텔은 조직 전체의 명예를 실추시키며 국민의 신뢰마저 좀먹는 악의 뿌리일 뿐이다.

그것은 쿠데타였다

윤석열 사단의 본질

'윤석열 사단'의 본질은 간단히 말해서 특수통 패거리 문화다. 2019년 윤석열 검찰총장 인사청문회에서 이철희 의원이 "역대 검찰총장 후보자 중에서 무슨무슨 사단이라는 표현이 들어간 후보자는 아마 윤석열 후보가 처음인 것 같다"라고 하면서 '윤석열 사단' 득세에 대해 우려를 제기했다. '윤석열 사단'이라는 단어는 2017년 윤석열이 서울중앙지검장이 되면서부터 언론에 등장하더니 마침내 검찰 인사에서 그들이 득세하기 시작했다.

언론의 윤 전 총장에 대한 평가 중에 "보스 기질이 넘쳐 자기 식구만 챙긴다"라는 부분이 있다.◆ 말하자면 후배 검사들의 인사를 챙겨주면 그에 대한 보답으로 보스에게 충성한다는 이른바 '조직관리 요령'이다.

과거 추미애 법무부 장관은 "검찰의 가장 큰 문제는 '하나회'처럼 군림하면서 주목받는 사건을 독식하고 그것을 통해 명성을 얻으면서 '꽃보직'을 계속 누려온 특수통 출신, 이른바 윤석열 사단"이라고 지적했다.

2012년 한상대 전 검찰총장이 중수부를 폐지하겠다고 했을 때는 '특수통' 검사들이 들고 일어났다. 이른바 '검란'을 일으켜 총장을 밀어낸 것이다. 그때에도 이에 동조하여 앞장선 사람이 윤석열이었다는 것은 이미 널리 알려진 사실이다.

특수부에서 장기간 함께 일한 인연으로 서로 밀어주고 끌어주는 검찰 패거리 문화는 사실 어제오늘의 현상은 아니다. 그러나 언론에서 말하는 '윤석열 사단'은 전 정부 요직인사들에 대한 정치적인 수사를 무리하게 진행하면서 더욱 견고해졌다. 더욱이 윤 전 총장이 최고의 권력으로 직행하는 바람에 이제는 검찰에 대한 인사권을 온전히 쥐게 되었으므로 그의 패거리들도 정치적 편향 논란에서 자유로울 수 없게 되었다.

◆　〈[편집국에서] 윤석열 스타일은 바뀌지 않는다〉, 한국일보, 2020. 2. 24.

그것은 쿠데타였다

'윤 사단'의 존재는 검찰이 가진 가장 큰 자산인 '국가기관에 대한 국민적 신뢰'를 실추시키고 있다. 정치적 목적으로 수사와 기소에 개입했다는 의심을 받기 시작하면 그들의 수사결과를 국민이 믿어줄 리 없기 때문이다. 스스로 아무리 공정을 외친들 의미 없는 주장이 될 뿐이다. 국민의 신뢰를 잃은 국가기관은 그 존재가치를 의심받을 수밖에 없다. 국가기관 안에서 소집단이 자신들의 힘을 키워 대집단을 좌지우지하게 되면 꼬리가 몸통을 흔드는 결과를 낳는다. 암세포가 온몸에 퍼지면 건강체를 죽게 만드는 이치와 다르지 않다.

이제 나는 '윤석열 사단'이 검찰 수사권을 사익이나 특정 세력이 아닌 오직 국민을 위해서 사용하고 있는지 묻지 않을 수 없다. 결과적으로, 검찰에 무질서한 패거리 문화가 자리잡으면 견제와 균형에 따른 결정을 할 수 없고, 조직 전체가 극심한 혼란을 겪게 된다. 이런 패거리 검사들 때문에 결국 검찰조직도 큰 피해를 볼 것이다.

나는 2023년 9월 6일 조국 전 장관의 북콘서트를 관람하던 중 잠시 마이크를 잡고 덕담을 했다. 그 과정에서 "검찰 내의 윤석열 사단은 전두환의 하나회에 비유된다"라고 발언했다. 그것을 빌미로 나는 한동훈 법무부의 감찰 하나를 더 받게 되었지만, 나는 그 후로도 기회 있을 때마다 이 부분을 지적하는 일을 주저하지 않는다.

군부 안에 사조직이 생기면 국가의 이익보다는 사조직의 이익을 우선하여 행동한다. 그 결과 우리 국민에게는 민주주의의 역사를 퇴행시키고 국가적 불행을 불러온 경험이 있다. 검찰 안에서도 패거리 문화는 자신들만의 집단이기주의를 좇아 행동할 가능성이 있음을 우려하는 까닭이다.

검찰 인사를 둘러싼 신경전

추미애 법무부 장관과 윤석열 검찰총장 사이에 검찰 인사를 둘러싸고 불거진 갈등이 언론에 많이 보도되었다. 사건이 벌어진 날은 2020년 1월 3일 추미애 장관이 취임하고 며칠이 지난 뒤였다. 곧 검사장 인사가 있을 것이니 윤석열 총장에게 인사 관련 의견을 내도록 연락하라는 지시가 떨어졌다.

당시 법무부 검찰국장이었던 나는 윤석열 총장에게 전화를 걸었다.

"장관님께서 검찰 인사를 하시겠답니다. 이번 인사와 관련하여 의견을 주십시오."

윤 총장은 인사안이 나왔냐고 물었다. 나는 "아직 나온 것은 아니지만 인사 관련 의견을 주면 됩니다"라고 대답한 뒤 통화를 마쳤다.

그 무렵 문재인 정부에서는 검찰의 순혈주의를 깨고 외부 인사의 검사 임관을 확대하자는 뜻으로 '비검사 출신의 검사장 임관'을 구상 중이었다. 이에 따라 판사 출신을 검사장으로 임관시켜 서울 시내 지검장으로 발령낼 계획도 진행되고 있었다. 그러나 이 계획은 추 장관이 오면서 폐기되었다. 내가 반대로 생각해보니 추 장관의 폐기 결정이 이해되었다. 검사 출신을 법원장으로 임명하면 판사들이 그의 자질과 능력을 믿고 따라줄 건지 쉽사리 수긍이 되지 않았기 때문이다.

2020년 1월 8일은 검찰 인사위원회가 열린 날이었다. 오전부터 추미애 장관이 검사 출신 류혁(현 법무부 감찰관) 변호사를 검사로 임용하여 서울중앙지검장에 보임할 것이라는 소문이 돌았다. 엉뚱하게도 '추미애 법무부의 인사위원회가 특정인의 자격 유무에만 초점을 맞춰 옥신각신한다'는 기사들이 쏟아졌다. 결국 류혁 변호사의 검사 임용은 불발되었다. 그런데 그는 사실 서울중앙지검장이 아니라 대검 인권부장으로 검토되던 인사였는데, 왜 그런 소문이 났는지 지금도 알 수 없는 노릇이다. 짐작컨대 인사위원회에서 현직 검사들을 중용하고자 하는 검찰 순혈주의가 작동한 듯도 하다. 이미 퇴임하여 변호사를 하고 있는데 다시 검사로 재임용하여 서울중앙지검장이라는 막중한 역할을 맡길까 봐 지레 방어를 한 모양이다. 결국 류혁은 검사로 임용하지 않아도 되는 직책인 감찰관으로 채용되었다.

법무부에서 대검에 인사 관련 의견을 달라고 요청한 상황에서 답이 오기도 전에 특정인을 내정했다는 것은 앞뒤가 맞지 않고 실제로도 그러지 않았다. 이런 사례에서도 알 수 있듯이 이른바 인사문제에 관련된 갈등은 검찰 내에서 가장 큰 조직인 서울중앙지검장 자리를 놓고 더욱 첨예한 신경전을 유발시키고 있었다.

법무부의 요청에 대해 윤석열 대검의 반응은 '장관이 먼저 인사안을 보내주면 그에 대한 의견을 주겠다'거나 '장관과 제3의 장소에서 만나 의견을 내겠다'였다. 추 장관은 법령에도 없는 요구라며 단칼에 거부했다. 대신 검찰총장이 직접 법무부 장관실로 오면 인사안을 보여주고 의견을 구하겠다는 입장을 고수했다. 윤 총장은 이에 답하지 않는 행위로 자신의 불만을 내비쳤고, 추 장관은 소신을 꺾지 않고 인사를 단행했다.

'추윤 갈등'이 증폭되는 와중에 서울중앙지검장을 포함한 검사장급 인사가 이뤄졌다. 나는 서울중앙지검장으로 발령이 났다. 검찰국장으로 근무한 지 6개월밖에 안 되었을 때라 자리를 옮길 것이라고는 예상하지 못했다.

검찰 인사 방식을 놓고 벌어진 추 장관과 윤 총장의 갈등으로 국회 법제사법위원회가 시끄러웠다. 야당 의원들은 추 장관이 일방적으로 밀어붙이는 방식으로 사려 깊지 못한 인사를 하고 있다고 비판했다. 이에 대해 추 장관은 인사문제에 갈등을 일으키는 쪽은 오히려 윤 총장이며 그가 장관의 명을 거역하는 하극상을 범하고 있다는 취지로 이 같은 논쟁을 정리했다.

추 장관은 검찰총장이 법령이나 관례에도 없는 요구를 했다며 "인사위원회가 열리기 전뿐만이 아니라 그 전날도 의견을 내달라고 한 바 있다. 인사위 이후에도 얼마든지 의견 개진이 가능하다. 나는 모든 일정을 취소한 채 여섯 시간을 기다렸다. 전화로도 한 시간 이상 통화를 하여 의견을 내라고 한 바 있다"라고 법사위원의 질의에 구체적으로 답변했다.

이런 일이 있은 이후에도 장관의 지휘권을 무시하는 윤석열의 발언이 이어졌다. 대표적인 사례가 2020년 10월 22일 국정감사에서 발생했다. 그가 추 장관에게 공개적으로 반기를 든 것이다. "검찰총장은 법무부 장관 부하가 아니다." 사실상 장관의 지시에 따르지 않겠다는 점을 명백히 밝힌 것이었다.

그것은 쿠데타였다

누가 검찰의 황태자인가

서울중앙지검장으로 발령이 나자 법무부에 부임신고부터 마쳤다. 다음은 대검찰청이었다. 엘리베이터를 타고 올라가던 길에 간부들과 마주쳤다. 좁은 공간에서 구시렁거리는 소리가 내 귀에도 건너왔다. "반부패부장, 검찰국장, 서울중앙지검장을 연이어 하는 사례는 처음 아닌가?" 들을 테면 들으라는 듯 비꼬는 투였다.

　나는 총장실로 들어갔다. 윤석열 총장은 "○○○가 중앙검사장으로 올 줄 알았는데……"라며 말끝을 흐렸다. 내가 서울중앙지검장으로 부임할 것을 전혀 예상하지 못한 것 같았다. 서운함의 표시였을까? 그의 속마음까지는 모르겠다.

검찰 내부에서는 내가 대검 형사부장, 반부패·강력부장, 법무부 검찰국장, 서울중앙지검장 등 이른바 요직을 두루 역임했다는 이유로 흔히들 '검찰 황태자'라고 나를 칭했다. 문재인 대통령의 대학 후배라는 이유에서인지 '친문검사 이성윤'이라고도 했다. 언론도 다르지 않았다. 나에 대한 기사를 쓸 때마다 그런 수식어를 붙였다.

시중에 떠돌거나 검찰 내부에 퍼진 소문은 이랬다. 내가 경희대학교 법대를 졸업했고, 문 대통령과 영부인도 같은 대학 출신이니 나를 수시로 만나고 인사를 챙겨주었다는 것이다. 심지어 문 대통령이 자신과 연결되는 직통 전화번호를 내게 알려주었다는 황당한 소문도 돌아 나를 불편하게 했다. 내가 국민의 한 사람으로서 그를 존경하는 것은 맞다. 그러나 나는 정치적으로 친문도 아니고, 검찰 황태자와는 더더욱 거리가 멀다.

우선 나는 개인적으로든 공식적으로든 대통령 영부인을 직접 만난 적이 없다. 문 대통령은 노무현 대통령 시절에 당시 내가 근무하던 청와대 사정비서관실의 특별감찰반에게 식사를 챙겨주어 만난 적이 있다. 2003년의 일이니 벌써 스무 해나 지난 일이다. 그 후에는 여럿이 만나는 식사자리조차 함께

한 적이 없다. 그의 대통령 임기 중에는 업무보고를 위해 검찰국장 자격으로 장차관 등과 세 차례 배석한 것 말고는 공식적으로도 만난 적이 없다.

문 대통령의 성품과 관련된 일화가 있다. 2020년 1월 8일 나는 추미애 장관과 함께 검사장 인사안을 들고 청와대에 갔다. 서울중앙지검장으로 가게 되었지만 그때까지는 법무부 검찰국장이었으니 장관을 수행한 것이다. 장관이 먼저 대통령께 인사안을 비롯한 인사 과정 등을 보고했다. 대통령은 윤석열 검찰총장의 요구가 반영되지 않은 점에 대해 '적폐청산 때에는 힘을 실어주는 인사를 했지만 이제는 상황이 바뀌었으니 원칙대로 하는 것이 맞다'며 추 장관을 거들었다. 보고를 마칠 때쯤 장관이 내 쪽으로 손을 뻗으며 불쑥 "대통령님, 이 국장이 이번에 서울중앙지검장으로 가게 되었으니 덕담 한마디 해주세요"라고 말을 꺼냈다. 문 대통령이 어색하게 웃으며 "나중에"라고 대꾸한 기억이 생생하다.

문 대통령은 왜 "나중에"라고 했을까? 아마도 공과 사를 확실히 구별하고 개인적 관계 맺기를 꺼려하는 성품 때문이었을 것이다. 면전에서 덕담을 해주기보다는 공무원으로서 성실하게 맡은 바 임무를 수행하면 칭찬이나 격려는 '나중에' 자연스레 따라온다는 무언의 표시 아니었을까.

"이성윤은 아웃사이더였다"

2020년 10월 19일 국회 법제사법위원회 국정감사에서 나의 '편향성'이 거론되었다. 이날 장제원 국민의힘 의원은 "서울 중앙지검장이 정치적 사건을 두고 편향된 모습을 보였다"라고 지적했다. 이어진 질의에서도 "이 검사장의 주요 정치적 사건 처리에 대해 야당 측의 불신이 있다. 억울한 부분이 있으면 말하라"라고 했다. 나는 전혀 사실이 아니라고 해명했다.

장 의원은 한 발 더 나아가 내가 법무부 검찰국장 시절 조국 법무부 장관 일가 수사와 관련해 '윤석열 검찰총장을 배제한 특별수사팀 구성을 제안한 것'과 '청와대의 울산 선거개입

그것은 쿠데타였다

사건 처리'등을 언급하며 "편파적"이라고 지적했다. 장 의원은 또 '이 지검장이 최강욱 열린민주당 대표 등 여권 인사들에 대한 기소를 반대했다'는 언론보도를 인용했다. 나는 단호하게 "반대한 적이 한 번도 없다"라고 밝혔다.

윤석열 검찰총장을 배제한 수사팀 구성을 제안한 것과 관련해서는 "검찰국장 시절 수사팀 배제는 내부적인 아이디어 차원의 문제였다. 다만 이 사안은 현재 고발되어 있으므로 상세한 내용은 말씀드릴 수 없다"라고 말했다. 또 "울산 사건이나 최강욱 비서관 사건의 경우 언론에는 기소에 반대한 것으로 되어 있지만, 소환조사도 없이 기소하는 것보다는 피의자를 소환하여 충분한 이야기를 듣고 나서 기소 여부를 판단하자는 취지로 건의했던 것"이라고 해명했다. 피의자에게 중요한 헌법적 권리인 '변소할 권리'나 '절차적 권리'를 보장하자는 것이었다.

'이성윤의 편파성'이 거론되었으니 이 대목에서 '이성윤은 검찰 황태자'라는 세평에 대해서도 한마디 해야겠다. '검찰 황태자'라면 검찰 실세라는 뜻인데, 황태자로 만들어주었다는 정부에서 수사받고 기소되어 재판을 받겠는가.

하지만 어이없게도 내가 검찰 실세인지 아닌지가 재판에서 문제된 적이 있다. 김학의 출금 수사를 막았다는 이유로 나는 서울중앙지검장 시절부터 수사를 받았고, 몇 년째 재판을 받고 있다. 그 일에 특별히 개입하지도 않은 나를 직권남용으로 기소한 사건이다. 2023년 2월 1심 재판부는 무죄를 선고했지만 검찰은 이에 불복하여 항소했다. 그러나 2024년 1월 25일 2심 재판부는 나에게 다시 무죄를 선고했다.

그런데 재판 과정에서 나를 기소한 검찰은 내가 '검찰의 실세'였다는 황당한 주장을 들고 나왔다. 이와 관련해 법정에 나온 한 증인은 검찰 내부에서 이성윤의 영향력이 어땠는지 진술했다. 법무부 고위직을 지낸 이 증인은 평소 가까이서 나를 지켜본 사람이다. 그는 "이성윤은 아웃사이더였다"라며 "이성윤 전 고검장은 서울대 출신이 아니라는 이유로 부정적인 세평이 떠돌았다"라고 언급했다. 그러면서 "문재인 정부에서 그 점을 높이 샀기 때문에 법무부 검찰국장, 서울중앙지검장 등에 보임된 것이지 그가 실세였기 때문에 그 자리를 맡은 것이 아니다"라고 증언했다. 그렇다. 나는 지금도 원칙을 지키고 언론플레이를 하지 않는 검찰 내 아웃사이더라고 자부한다.

그날 재판을 마치고 돌아오니 장모님과 아내가 그 증언을 듣고 눈물을 흘렸다고 했다. 돌아가신 장인은 내게 "집안도 변변치 않고, 전북 출생에 경희대학교 출신, 거기에다 처가도 든든하게 지원을 못 해준다"라며 속상해했었다.

출세한 것으로 황태자 기준을 삼는다면 윤석열이야말로 문재인 정부의 검찰 황태자일 것이다. 서울중앙지검장으로 있다가 고검장 직책도 건너뛰고 곧바로 검찰총장으로 벼락출세한 인물이기 때문이다.

아웃사이더, 인사이더라는 구분은 차별적이고 의미도 없는 기준일 뿐이다. 누가 원칙을 지키는 참 검사인지, 누가 피의자에게 억울한 누명을 씌우지 않고 증거와 법리로 수사하는 검사인지, 누가 원칙과 기본에 충실한 검사인지, 누가 시민의 안전을 먼저 생각하는 검사인지가 중요하다. 그까짓 출신, 학교, 재산 등은 아무런 의미가 없다. 앞으로도 이 생각은 변하지 않을 것이다. 나는 내 가족에게 그리고 시민사회에 떳떳한 검사로 남고 싶다.

선을 넘은 정치 공세

2019년 7월 31일부터 2020년 1월 10일까지 나는 법무부 검찰국장으로 일하며 세 분의 장관(박상기, 조국, 추미애)과 한 분의 장관 직무대행을 보좌하다가 서울중앙지검장으로 자리를 옮겼다. 인사발령이 있던 1월 12일 국민의힘 주광덕 의원(현 남양주시장)은 국회 기자회견에서 내가 최근 좌천된 검찰 고위 간부들에게 조롱과 독설이 담긴 문자를 보냈다고 주장했다. 주 의원은 검사 출신으로 사법연수원도 나와 같은 23기다.

그는 나를 향해 "도저히 이해할 수 없는 문자를 발송한 장본인"이라며 "문자 내용 첫 부분에는 약을 올리는 듯한 표현이 들어가 있고, 중간에는 독설에 가까운 험한 말이, 마지막 부분에는 '주님이 함께하기를 바란다'는 정상적으로 이해 불가한 문자를 보냈다. 권력에 취해 이성을 잃은 듯하다"라고 주장했다. 그런데 정작 내가 보냈다는 문자의 원문과 수신인은 밝히지 않았다. 그러면서 "검사장 이상 몇 사람한테 (발송)한 것은 확실하다. 동료검사들이 경악하고 있다. 깊은 상처를 입었다고 한다"라고 덧붙였다. 그는 한술 더 떠 "검사징계법상 품위손상행위를 한 고위 검찰 간부는 감찰을 통해 징계해야 한다"면서 법무부 감찰까지 요구했다.

기자회견 내용이 알려지자 사실관계를 묻는 전화가 빗발쳤다. 나는 '검사장 이상 몇 사람'에게 문자를 보내지 않았기에 법무부에 그런 사실이 없다고 분명하게 확인해주었다. 굳이 연결을 지어보자면, 업무상 연락하던 검사장급 간부 한 명에게 문자를 보낸 일이 있지만 조롱과는 거리가 멀었다.

나는 수신자가 다수라면 그들에게 확인해보면 될 일 아니냐고 응수했다. 그런데도 좌천된 간부들에게 내가 악성문자를 보냈다는 주장과 보도가 수그러들지 않았다. 급기야 나는 법무부에 내가 보낸 문자를 제출할 수밖에 없었고, 법무부는 이날 밤 문자 전문을 언론에 공개했다.

검사장급 이상에 대한 인사발령 하루 전날인 지난 7일 밤, 이성윤 검사가 대검 모 간부에게 보낸 문자 원문은 다음과 같습니다.

"존경하는 ○○님! 늘 좋은 말씀과 사랑으로 도와주셔서 진심으로 감사드립니다. ○○님께서 참 어려운 환경 속에서도 늘 관심을 주시고 도와주신 덕분에 그래도 그럭저럭 여기까지 왔다고 생각하고 감사를 드립니다. 정말 정말 고맙고 감사합니다. 늦은 시간입니다. 평화와 휴식이 있는 복된 시간 되시길 간절히 기도드립니다. 늘 감사합니다 ○○님. 이성윤 올림."

법무부는 "개인 간에 주고받은 문자 내용이 유출되고 심지어 왜곡되어 대통령과 법무부 장관의 직무수행에 대한 정치적 공격 소재로 사용되는 사실이 개탄스럽다"라고 했다. 정치인의 이런 행태를 두고 법무부는 "지켜야 할 선을 넘은 것"이라며 "문자 내용을 공개하는 것은 더 이상 불필요한 왜곡이 확산되는 것을 막기 위한 불가피한 조치"라고 밝혔다.

주광덕 의원이 보기에는 이 문자가 독설과 조롱이었을까? 그가 자신이 저지른 황당한 기자회견에 대해 사과했다는 말을 나는 들은 적이 없다.

그것은 쿠데타였다

"정말 못 해먹겠네. 당장 기소해"

서울중앙지검장으로 부임한 직후에 일부 차장검사들과 부장들에게 확인해보니 그동안 서울중앙지검은 적폐수사에 집중하느라 엄청난 형사 미제를 끌어안고 있었다. 2019년 한 해 동안 서울중앙지검에 접수된 사건 수는 전년도에 비해 2.7퍼센트 증가한 반면, 미제 사건은 약 11퍼센트 증가했는데 그중 3개월을 초과한 사건은 67퍼센트, 6개월을 초과한 사건은 65퍼센트, 1년을 넘긴 사건은 21퍼센트 정도 증가한 상태였다. 이를 해결하는 것이 급선무였다. 사건 하나하나가 당사자들에게는 하루가 급한 일일 텐데 이렇게 많은 사건을 그냥 들고만 있을 수는 없었다. 검사에게도 그렇고, 서울중앙지검뿐 아니라 검찰조직 전체에도 많은 부담이 되기 때문이다.

처리방안을 궁리하는 중에 최강욱 공직기강비서관 업무방해 사건, 삼성바이오로직스 분식회계 사건, 울산 사건(이른바 울산시장 선거개입 의혹 사건) 등의 보고가 물밀 듯이 올라왔다. 모두 내가 오기 전부터 진행되던 사건이었다. 이러니 서울중앙검사장은 일반 미제 사건에는 관심조차 둘 수 없겠다는 생각이 들면서 나는 적잖이 긴장할 수밖에 없었다. 우선 신입 차장들에게 구체적인 미제 해결방안을 강구하도록 당부했다. 그중 가장 시급한 것이 최강욱 공직기강비서관 업무방해 사건이었다.

2020년 1월 13일 내가 부임하자마자 최강욱을 기소해야 한다는 수사팀의 보고가 올라왔다. 윤석열 검찰총장도 기소를 결정했으니 그렇게 해야 한다는 것이었다. 나는 일단 보고서를 검토해보겠다고 말하고 각 차장 직할 부서별로 업무파악에 들어갔다. 빡빡한 일정에도 바짝 신경을 곤두세웠다. 수사팀은 신속한 결정을 재촉했지만 나는 총장과 협의해보겠다며 다른 업무보고를 받았다. 나는 각 수사팀에 '품격을 갖춘 절제된 수사'를 강조했다. 그리고 1월 22일 윤 총장과 면담했다. 내 업무일지에는 그날의 일이 기록되어 있다.

최강욱 사건 등에 대한 처리방안을 보고하던 날, 윤 총장은 "내일 차장 이하 인사발표가 나오니 무조건 오늘 기소하라"고 지시했다. 나는 수긍할 수 없었다. 왜 다른 날은 안 된다는 것인가? 왜 그렇게 화를 내고 언성을 높일까? 나는 총장의 지시는 부당하므로 이의제기가 필요하다고 생각했다. 윤 총장은 "이것은 '명령'이다. 총장이 책임진다. 최강욱은 출석에 세 번 불응했고 증거도 명백하다"라고 주장했다.

나는 윤 총장에게 되물었다. "그러면 왜 전임 검사장(배성범) 때 인지해서 기소를 안 했습니까. 장관의 인사조치에 대한 불만을 품고 지금 내게 보복하는 것입니까." 그는 아니라고 했다. 그러면 나도 전임자와 동일하게 기소에 신중해야 옳지 않느냐고 되물었다. 나는 업무일지에 이렇게 메모를 했다. "총장과 협력, 총장이 검찰을 잘 이끌 수 있도록 돕는 것은 매우 중요. 하지만 검찰 전체의 명예를 고려해야 함. 이제 관조적으로 상황을 봐야 함."

구본선 대검 차장에게 전화를 걸어 총장에게 다시 건의해 줄 것을 요청했다. 구 차장은 '총장은 본인이 모르던 디테일이 제시되어야 비로소 번의가 가능한 사람'이라는 취지로 말했다.

같은 날 저녁 서울중앙지검 수사팀은 이미 '전결' 도장이 찍힌 공판카드와 공소장까지 들고 와서 기소해야 한다고 나를 압박했다. 나는 "최강욱이 검찰의 조작수사를 주장하고 있으므로 오히려 기소 이전에 그를 소환조사하는 것이 옳다"라고 수사팀을 설득했다.

그 후 윤 총장으로부터 전화가 왔다. 그는 무지하게 화를 냈다. 상스러운 욕지거리가 마구 튀어나왔다. "야, 이 ××야, 니가 이렇게 내 지시를 따르지 않고 협조도 안 하면 앞으로 어떻게 할 거야. 최강욱이는 허위증명서 해주고 비서관으로 간 놈인데, 그런 ××가 인사검증을 담당하면 안 되잖아. 지시대로 해. 정말 못 해먹겠네. 이 ××, 당장 기소해." 너무나 어이가 없고 화가 났지만 나는 '소환조사 후 결정'을 고집했다.

그날 밤 10시쯤 사무실을 나왔다. 차를 타고 반포대교 부근 올림픽대로를 지나다가 구본선 대검 차장에게 전화를 했다. 총장이 절차를 무시하고 당장 기소하라는데, 아무리 생각해도 부당한 지시이므로 그냥 밖으로 나왔다고 알려주었다. 구 차장은 사무실로 돌아가서 사태를 해결하는 것이 더 좋을 것 같다고 했다. 윤 총장과 다시 잘 상의해보라는 것이었다. 부탁에 가까웠다. 그러면서 그는 윤 총장의 당시 심경을 대변했다. 중간간부급 인사와 관련해 법무부에 요청한 내용이 전혀 받아들여지지 않아 상심한 상태라는 것이다. 그런 와중에 청와대에서 최강욱 사건에 대해 검찰의 조작이라며 심하게 대응해서 총장이 매우 화가 난 듯하니 이런 심경을 고려하는 게 좋겠다는 말도 덧붙였다.

나는 다시 사무실로 차를 돌렸다. 퇴근하려는 서울중앙지검 1차장에게도 청으로 복귀할 것을 요청했다. 사무실에 도착하자마자 수사팀이 또다시 나를 압박하기 시작했다. "오늘 중으로 기소해야 합니다. 지금 시각이 밤 11시 57분입니다. 오늘이 다 지나갑니다. 오늘을 넘기면 안 됩니다."

나는 왜 오늘이어야 하는지 여전히 이해할 수 없었다. 오히려 부하들의 행동이 검사장인 나에 대한 일종의 불신으로 느껴지더니 이내 모욕으로 다가왔다. 마음속으로 다짐을 거듭했다. '그래도 참자.'

밤 12시가 되어 나는 수사팀에 진지한 자세로 일갈했다. "나도 지난주까지는 법무부 소속이었지만 지금은 검사장이고 검사다. 도대체 왜 이러는지 모르겠다." 그런데도 수사팀은 총장 지시를 어길 수 없다는 말만 반복했다.

이날의 상황에 대해 업무일지에 이렇게 적었다.

"수사팀은 '심야'에라도 공소장을 접수해야 한다고 주장한다. 하지만 1차장은 '심야공소장 접수는 최악의 수'라고 주장한다. 평행선이 계속되므로 나는 차라리 묵묵부답할 수밖에 없다."

"1차장은 심야공소장 접수는 검찰 내부뿐 아니라 외부에
도 안 좋은 영향을 줄 거라고 한다."

"결국 내일 아침 8시 30분에 보기로 하고 새벽 1시경 귀가."

다음 날인 1월 23일 아침에 최강욱 기소를 통보받았다. 수
사팀은 총장이 기소를 지시했으므로 더는 미룰 수 없었다고
했다. 나는 수사팀에 직속상관인 서울중앙지검장의 지휘에
따라야 한다고 다시금 강조했다. 부하들에게 무시당하나 싶
더니 이내 포획당하는 느낌이 몰려왔다. 몹시 불쾌했다. 나는
즉시 검찰총장에게 이의제기서를 보냈다.

이윽고 윤석열 검찰총장이 기관장인 나를 무시하고 내 부
하들을 직접 움직여 사건을 처리해버렸다. 이러한 조치가 검
찰청법(제21조 제2항) 위반이라는 믿음에는 지금도 변함이 없
다. 검찰청법에 따르면 엄연히 서울중앙지검의 관할 사건은
지검장의 허락 없이 기소될 수 없기 때문이다.

이즈음 느닷없이 나를 공격하기 위한 '검찰총장 패싱 논란'
이 시작되었는데 이것은 그 명칭부터 엉터리였다. 서울중앙
지검장이 총장을 패싱한 것이 아니고 오히려 법리상 총장이
서울중앙지검장인 나를 건너뛴 사건이기 때문이다.

사건의 처분이나 결과는 중요하다. 하지만 무엇보다 법령

이 정한 대로 피의자의 절차적 권리를 충분히 보장해서 결론을 내야 한다. 그것이 피의자나 피고인은 물론이고 국민들의 신뢰를 받는 길이라고 생각한다.

2023년 9월 18일 대법원 판결에서 상고가 기각되어 결국 최강욱 의원은 징역 8월 집행유예 2년이 확정되어 의원직을 상실했다. 최강욱 의원 사건 후에 울산시장 선거개입 의혹 사건에 대해서도 나는 윤석열 총장에게 피의자들을 소환조사해야 한다는 절차적 권리를 주장했다. 최강욱 의원 사건과 같은 맥락이었다. 역시 윤 총장의 지시로 이번에도 서울중앙지검장인 나를 건너뛰고 서울중앙지검 차장의 결재로 기소되었다. 결국 절차를 지키려던 나의 모든 노력은 수포로 돌아갔다.

둔감력으로 견디다

윤석열 검사의 말본새는 검찰청 내에서는 알 만한 사람들은 다 안다. 혀를 내두를 정도의 상스러운 욕설과 걸핏하면 곧 주먹질이라도 할 듯한 몸짓도 소문이 나 있다. 수사를 오래 하다 보니 몸에 밴 습관인지도 모른다. '가는 말이 고와야 오는 말이 곱다'는 속담을 인정하지 않는 검찰조직 내 인사들이 많다. 오히려 '가는 말이 ✕ 같아야 오는 말이 곱다'는 표현을 자주 들어왔다. 피의자들을 험하게 대해야 사실대로 답변이 나온다는 믿음일 것이다. 물증을 찾으려는 노력보다는 손쉬운 겁박으로 자백을 받아내던 과거의 인습을 벗어나지 못한

그것은 쿠데타였다

탓이다.

사건은 많고 인력은 부족하다 보니 편한 수사방법에 의존하려는 유혹에 빠지곤 한다. 국민적 관심이 모아진 사건이나 정치적 목적을 둔 특정 사건에 인력을 집중시키면 일반 형사 사건을 맡은 검사들만 더 고달픈 상황을 맞이한다. 최근 야당 인사에게만 수사인력을 집중 배치하는 모습을 보며 걱정이 앞서는 이유이기도 하다.

윤석열 검찰총장과 맞서야 했던 서울중앙지검장 시절, 나는 오로지 '둔감력(鈍感力)'으로 하루하루를 살아냈다. 그 많은 눈과 그 독한 입들을 견디는 둔감력이 있어야 남 눈치를 보지 않고 내가 받은 능력대로 잘 살 수 있고 잠도 잘 잘 수 있다. 그리고 육각형 같은 사람이 되기로 했다. 거울 앞에서 이렇게 되뇌며 가슴속에 주입시켰다.

"이봐 성윤이! 너무 둥글거나 모나지 말게나. 행복해지려면 '미움받을 용기'도 필요하네. 그런 용기가 생겼을 때 자네의 인간관계는 한순간에 달라질 걸세."◆

어떤 사건의 결재와 관련해서는 한밤중에 술에 취해 전화

◆　기시미 이치로가 쓴 《미움받을 용기》(인플루엔셜, 2014)에 나오는 대화 방식이다.

를 해대는 기자들이 있었다. 횡설수설한다. 그러면서 어설프게 주위들은 사건 내용을 주저리주저리 거론하며 묻는 척하다가 숫제 따지고 드는 말투로 바뀐다. 나더러 왜 결재를 안하냐고. 나는 속으로 말한다. '술에 취했는데 전화를 하냐?' 그리고 한마디를 한다. "혹시 누가 시켜서 이 밤중에 전화를 합니까?"

그렇게 버티는 하루하루였다. 어떤 사람은 "존버하면 승리한다"라고 말해준다. 참 사공도 많고 말도 많다. 그래도 둔감력으로 견뎌내야지 어쩌겠는가.

그것은 쿠데타였다

채널A 사건과 윤석열의 수사방해

'채널A 사건' 수사는 내가 서울중앙지검에서 윤석열과 또다시 맞서는 계기가 되었다. 사건의 경과를 정리하면 이렇다.[◆]

2020년 4월 7일 민주언론시민연합은 기자와 성명불상의 검사를 협박 등의 혐의로 고발했다. 당시 MBC에 대한 다수의 고발도 이루어진 상태여서 서울중앙지검에서는 '채널A 사건' 고발장을 접수받아 이른바 검언유착 사건 관련 수사 여

◆　대검과 서울중앙지검의 채널A 사건 경과를 정리했다. 윤석열 징계취소 소송 1심 판결문에 기재된 사실관계와 내가 갖고 있는 기록을 참고했다.

부를 검토했다. 그러나 대검에서 감찰 중이거나 인권부에서 조사 중이어서 곧바로 수사에 착수할 수 없었다. 1차장 산하 부서에서 검토만 해두었다.

4월 중순경 윤석열 총장과의 면담자리에서 나는 서울중앙 지검에서 '채널A 사건'을 수사하겠다는 취지로 보고했다.♦ 4월 17일 윤 총장은 인권부의 보고를 받은 뒤 채널A 관련 사건 일체를 서울중앙지검에서 수사하도록 지시했다. 3월 31일 MBC 보도 후 17일 정도 지난 시점이었다. 수사팀은 1차장 과 1부장으로 하도록 하고, 필요시 다른 부서에서 지원하도 록 했다.

4월 21일 고발인 조사 등 본격 수사에 들어가 2020년 4월 28일에는 채널A에 대한 압수수색에 착수했다. 서울중앙지 검은 수색영장 집행 직전에 형사부장을 통해 대검에 보고했 다.♦♦

막상 내가 지휘하는 서울중앙지검에서 한동훈이 관련된 채널A 사건 수사를 진행하고 압수수색영장 집행을 시작하 자 4월 29일 윤석열의 대검은 서울중앙지검에 압수수색영장 사본을 달라고 요청했다. 나는 수사의 기밀성을 유지하기 위 해 압수수색영장을 그대로 복사해서 대검에 주는 것에 반대 했다.

내가 윤석열 총장으로부터 문제의 구내 내선전화를 받은 것은 바로 그날 오전이다. 윤 총장은 시정잡배의 쌍욕을 거침없이 쏟아내며 마구 소리를 질렀다. '눈깔'이라는 말이 바로 이 순간 그의 입에서 튀어나왔다. 그때 나는 견딜 수 없는 모멸감을 느꼈다. 한동안 망연자실하던 중 보고를 하기 위해 내 방에 들어온 검사들에게 나는 그런 상황을 말하지 않을 수 없었다. 수사상황을 부하 검사들과 공유하는 동시에 총장의 '직권을 이용한 수사방해'를 막아야겠다는 판단이 들었기 때문이다.

윤석열이 패소한 2021년 10월 14일의 징계취소 소송 1심 판결문에도 그가 측근 한동훈에 대한 수사를 방해한 내용이 적시되어 있으므로 그는 더 이상 이 사실을 부인하기 어렵게

◆　　서울중앙지검장은 매주 대검에 올라가 총장 면담 보고를 한다. 보통 주례 보고라고 한다. 면담에서는 현안 사건의 수사에 관한 상황이나 청 운영 등에 대해 설명하고, 보고를 받은 총장은 필요한 경우 수사지시를 한다.

◆◆　　윤석열 원고, 피고 법무부 장관의 징계취소 소송 판결문에서 서울중앙지검 1차장검사는 다음과 같이 진술했다. '채널A 사건은 원고(윤석열)의 최측근이 관련되었다는 국민적 의혹이 제기되는 상황이기 때문에 수사의 밀행성, 공정성 측면에서 봤을 때 대검에 상세 보고하는 것은 부적절하다. 대검에서 수사서류 사본을 요구하기도 하였는데 처음에는 안 된다고 하다가 결국에는 대검 형사부장에게 필요한 경우 대검 차장검사에게만 공유하겠다는 다짐을 받고 수사서류 사본을 보내주었다. 이에 대하여 대검 형사부장은 오직 서울중앙지검 1차장과 의사소통했고, 녹취록 등 대부분의 서류들도 봉인하여 직원이 직접 전달하는 형식이었다.'

3부 • 흔들리는 헌법: 윤석열과 정치검찰

되었다.◆

5월 2일 윤 총장은 '채널A 사건' 수사진행 상황을 매일 보고할 것을 서울중앙지검에 지시했다. 나는 최소한의 범위 내에서 수사상황을 보고할 수밖에 없었다. 윤 총장이 막말을 불사하면서 저렇게 윽박지르니 검찰 전체의 평화를 위해 일단 참기로 했다. 무엇보다 국민들이 바라보고 있지 않은가.

6월 1일 서울중앙지검은 채널A 소속 직원에 대한 압수수색영장을 발부받아 집행하면서 영장 청구 사실을 압수수색 시점까지 윤석열의 대검에 알려주지 않았다. 6월 2일 서울중앙지검은 성명불상 피의자가 한동훈 검사장으로 특정되었다고 대검에 보고했다. 문제의 녹음파일 일부를 압수수색 과정에서 찾아낸 것이다. 그러자 6월 3일 윤 총장은 '채널A 사건과 관련된 일체의 보고를 받지 않을 테니 대검 차장과 부장들을 중심으로 지휘감독하라'고 지시했다. 말하자면 채널A 수사에 대한 자신의 수사지휘권을 대검 부장회의에 위임한 것이다.

◆　2023년 12월 19일 징계취소 소송 항소심에서는 추미애 법무부가 행한 징계절차만을 문제 삼아 한동훈 법무부의 패소를 결정했다. 그러나 그 징계 사유에 대한 실질적인 판단이 빠져 있으므로 윤석열의 수사방해 직권남용 범죄 혐의는 대통령 임기 중에 공수처 등이 수사하거나 또는 임기 이후에라도 엄정한 수사가 필요하다.

그것은 쿠데타였다

대검은 6월 4일 윤석열 총장의 지시를 서울중앙지검에 공문으로 발송했다. 그 취지는 다음과 같다. "첫째, 중앙지검은 수사진행 상황을 사전에 상세히 보고하고 지휘감독을 받을 것. 둘째, 합리적 의사결정을 위한 협의체 등 운영에 관한 지침에 따라 '대검찰청 부장회의'에서 위 사건에 대한 지휘감독과 관련한 사항을 결정할 것임. 셋째, 대검찰청 부장회의◆는 총장에게 일체의 보고 없이 독립하여 결정할 것임."

6월 12일 대검에서 1차 대검 부장회의가 열렸다. 안건은 '강요미수죄 성립 여부 및 한동훈에 대한 압수수색영장 청구 여부'였다. 회의 결과, 강요미수죄 성립 여부에 대해서는 서울중앙지검에 보완을 요구하고, 한동훈 검사장에 대한 압수수색영장 청구는 승인하기로 의결했다.

6월 16일 서울중앙지검은 한동훈 검사장에 대한 압수수색영장을 발부받아 당시 부산고검 차장이던 한동훈 검사장의 휴대전화를 압수했다. 서울중앙지검은 압수수색 사실을 대검 형사부장을 통해 윤석열 총장에게 보고했다. '윤석열 징계취소 소송 판결문'에는 대검 형사부장이 한동훈 휴대전화 압수

◆　대검찰청 부장회의에는 반부패·강력부장, 형사부장, 공송부장, 공공수사부장, 기조부장 등이 참여한다.

3부 • 흔들리는 헌법: 윤석열과 정치검찰

사실을 보고하는 상황이 이렇게 적혀 있다.

진술인(형사부장)이 압수사실을 보고하자 총장은 충격을 받은 모습을 보였고, 총장실을 나오면서 '총장이 너무 충격을 받은 것 같다'고 차장검사와 말을 나누던 기억이 있습니다.

6월 16일 오후 윤 총장은 '채널A 이 모 기자의 변호인이 전문수사자문단 소집을 요청하는 진정서를 제출했다'는 보고를 받고, '전문수사자문단' 소집을 지시했다.

6월 17일 서울중앙지검은 대검에 법리검토 보고서(6월 12일자 부장회의 보완 요구에 따른 것)와 기자에 대한 사전구속영장 청구 예정 보고서를 윤석열의 대검에 보냈다. 6월 18일 대검은 서울중앙지검에 강요미수죄 성립에 대한 법리검토 보고서 중 미진한 부분이 있으니 보완하라고 요구했다. 서울중앙지검은 6월 19일 2차 법리검토 보고서를 보냈다.

6월 18일 윤석열 총장은 대검 과장에게 '채널A 사건에 대한 의견을 다음 날 부장회의에 제시하라'고 지시했다. 이에 대검 과장은 '피의자인 이 모 기자에 대한 사전구속영장 청구 검토'라는 보고서를 작성했다. 이 보고서는 기자의 강요미수 혐의는 인정하기 어렵고, 한동훈의 공모 여부도 인정되지 않

그것은 쿠데타였다

는다는 내용이었다.

6월 19일 오전 대검에서 2차 부장회의가 열렸다. 안건은 기자의 강요미수죄 성립 여부에 대한 보완내용 검토였다. 형사과장이 관련 내용을 발표했고 서울중앙지검은 보고서 내용에 문제를 제기하며 부장회의 참석을 거부했다.

6월 19일 오후 4시 30분 부장회의 결과를 보고받은 윤 총장은 또다시 '전문수사자문단' 소집을 지시했다. 이에 형사부장은 대검 부장회의에서 전문수사자문단 소집 여부를 결정하겠다고 했다. 그리고 그날 오후 5시 부장회의에서 이를 논의했지만 아무런 결론을 내리지 못했다. 부장회의에서도 서울중앙지검과 특별한 이견이 노출되지 않았고 전문수사자문단 소집의 필요성이 인정되지 않았기 때문이다.

한편 6월 20일 오후 1시 30분쯤 중앙일보에서 "대검찰청이 피의자의 전문수사자문단 소집 요구를 받아들여 채널A 사건을 전문수사자문단에 회부하기로 했다"라고 보도했다. 서울중앙지검은 오보라고 판단해 대응하려고 했다. 그런데 윤 총장이 직접 서울중앙지검 공보관에게 전화를 걸어 오보에 대응하지 말라고 지시했다.

6월 22일 서울중앙지검은 대검에 전문수사자문단 소집에 대한 재고를 요청했지만 윤석열의 대검은 6월 24일 기어이

'서울중앙지검에 한동훈 검사장을 포함한 채널A 사건 피의자에 대한 공소제기 여부'를 안건으로 하는 전문수사자문단 소집 결정 및 자문단원 후보자 추천 요청 공문을 발송했다.

6월 25일 서울중앙지검은 대검에 이의제기를 했다. 수사가 종결되지 않아 정확한 심의가 불가능하고, 심의 결과에 따라서는 부실수사 비판 등에서 자유로울 수 없다는 이유였다. 그러나 6월 26일 대검은 다시 '전문수사자문단 단원 후보자 추천 재요청' 공문을 발송했다. 서울중앙지검의 이의를 받아들이지 않은 것이다. 이날 나의 업무일지에는 이렇게 적혀 있다. "대검에서 이의제기에 대한 지시 내려옴. 총장께서 합리적 결정을 해야 할 텐데……. 검찰이 걱정된다."

6월 29일 서울중앙지검은 대검에 다시 이의제기를 했다. 이날 대검 부장회의 일부 구성원들도 전문수사자문단 선정을 위한 회의에 불참했다. 그러나 대검은 6월 30일 서울중앙지검에 이 사건의 피의자인 이 모 기자에 대한 '공소제기 여부 및 구속영장 청구 여부'를 안건으로 하는 전문수사자문단 심의기일(7월 3일)을 통보했다. 이 과정에서 대검 부장회의 일부 구성원들은 전문수사자문단 회부 여부를 대검 부장회의에서 결정해야 한다며 이에 대한 재고를 총장에게 요청하기도 했다. 윤 총장은 끝내 이러한 요청을 받아들이지 않았다.

나는 도저히 견딜 수 없었다. 총장에게 항의해야 했다. 6월 30일 대검에 "특임검사에 준하는 수사독립성을 인정해달라"고 요구했다. 사실관계와 실체적 진실이 충분히 규명되지 않은 지금 단계에서 전문수사자문단을 소집할 경우 시기와 수사보안 등의 측면에서 적절치 않고, 자문단과 검찰수사심의위원회를 동시에 개최하면 자문단원 선정과 관련된 논란 등 비정상적이고도 혼란스러운 상황이 초래되는 점을 고려해달라고 요청했다. 하지만 윤석열의 대검은 거절했다. 특임검사 수준의 독립성을 보장해달라는 나의 요구는 '이성윤, 윤석열에 공개 항명'으로 언론에 보도되었다.

7월 2일 추미애 법무부 장관은 윤 총장에게 전문수사자문단 심의절차를 중단하고 서울중앙지검이 독립적으로 수사한 뒤 수사결과만을 총장에게 보고하도록 조치하라고 지시했다.

7월 3일 윤 총장은 법무부 장관의 수사지휘와 관련해 검사장 간담회를 소집했다. 그런데 대검에서 서울중앙지검장은 회의에 참석하지 말라는 지시가 내려왔다. 황당할 따름이었다. 수사의 주체를 제외시키다니⋯⋯.

7월 8일 채널A 수사 관련 법무부 장관의 수사지휘에 대해 검찰총장이 입장을 발표했다. 그 발표가 있기 한 시간 전까지 법무부 고위간부가 서울고검장을 본부장으로 하는 수사팀을 누차 제안했다. 서울중앙지검장인 나에게 수사팀에서 빠지라는 요구였다. 그 고위간부는 나만 빠지면 수사 관련 갈등이 없을 것처럼 말했다. 수사팀 지휘를 하지 않겠다는 선언도 내가 스스로 해달라고 했다. 그의 제안을 듣고 가만히 생각했다. 만일 수사 일선에서 물러난다면 내가 지금까지 정치적으로 편향된 수사를 했음을 인정하는 꼴이 되는 게 아닌가. 나중에 알고 보니 그 법무부 고위간부의 제안은 법무부의 입장도 아닌 사견이었다. 그렇다면 그는 왜 나에게 물러나달라고 했을까? 특정인과 내통하고 있었을까? 지금도 의문이다. 왜 그렇게 나를 수사팀에서 제외시키려 했을까?

7월 9일 윤 총장은 결국 채널A 수사와 관련하여 장관의 지휘를 수용했고, 대검은 내게 그 내용을 서면으로 알려왔다. 서울중앙지검에서 독립적으로 수사하되 공정하게 하라는 사족이 붙어 있었다. 그날 업무일지에 나는 이렇게 적었다.

도대체 사건 하나 가지고 온 나라를 떠들썩하게 만든 이유가 뭔가. 국민을 피곤하게 하고 검찰 전체가 '부식'되어가고 있지 않은가.

7월 29일 한동훈 연구위원에 대한 압수수색 과정에서 영장을 집행하던 정진웅 부장검사와 한동훈이 함께 넘어지는 일이 발생했다. 정진웅 부장도 입원을 했다. 다음 날 정 부장은 퇴원했는데 정 부장과 수사팀을 감찰한다는 소식이 들려왔다.

나는 7월 31일 서울고검장실을 방문했다. 채널A 사건 수사가 진행 중이니 수사 검사와 수사관 등 수사팀에 대한 소환조사는 수사종결까지 보류해야 한다고 말했다. 나보다 1년 선배인 당시 서울고검장은 선비처럼 점잖은 분으로 알려져 있었다. 나는 예의를 갖추어 정중하게 요청했다. 그런데 언론은 이날 내가 고성을 지르고 고검장실 문을 박차고 나갔다고 보도했다. 나는 제3의 인물이 언론플레이를 하고 있다는 느낌을 지울 수 없었다.

다음 날 집중호우가 쏟아졌다. 아침 일찍 다산생태공원을 걸으며 혼자 산책을 했다. 내 마음은 집중호우보다 더 무겁고 우중충하고 눅눅했다. 다산 정약용의 생가와 묘소에 올랐다. 정조와 채제공에게 그리 사랑받다가 갑자기 유배령을 받고, 《목민심서》를 써놓고도 그걸로 다시 트집이라도 잡혀 조정에서 날벼락이 떨어질까 조마조마했을 정약용의 심정이 내게 성큼 다가왔다. 하지만 200년 전 정약용은 현재의 나에게 '너는 나처럼 쫄지 마'라고 말해주는 듯했다. 나는 큰 용기와

171

위안을 받았다.

8월 3일 서울고검에서 서울중앙지검 채널A 수사팀을 소환 조사한다는 소식이 들려왔다. 수사방해 의도가 우려되는 상황이었다. 수사팀을 조사하는 일은 수사방해 의도로 비춰질 소지가 크므로 최대한 자제해야 한다. 당연히 수사 중인 사건에 대한 감찰은 수사종결 후에 착수해야 한다. 그럼에도 그들은 계속 수사팀 감찰을 고집했다. 검사장으로서 수사팀을 어떻게 지켜야 하나 고민이 깊었다. 윤석열의 대검은 아무리 말을 해도 들어주지 않았다. 그들에게 우리 서울중앙지검 수사팀의 사정은 뒷전이었다.

8월 9일에 또다시 전국적으로 큰비가 내렸다. 비를 맞으며 혼자서 뒷산을 돌고 또 돌았다. 몸과 마음이 천근만근이었다. 아무리 비를 맞아도 걱정과 분노가 좀처럼 씻겨나가지 않았다.

10월 19일에 추미애 법무부 장관은 검찰총장에게 다시 수사지휘를 내렸다. 기존의 채널A 사건 외에도 윤우진 전 용산세무서장 금품수수 사건, 김건희 관련 코바나컨텐츠, 도이치모터스 주가조작 등 윤석열 총장 가족 사건 수사에 검찰총장이 개입하지 말라는 취지였다. 관련 수사의 최종 책임이 오로지 서울중앙지검장인 나의 어깨에 얹혀 있었다. 윤석열이 좌지우지하는 대검, 그리고 그가 검찰총장인 상황에서 나는 수사팀을 재구성하고 수사방안을 마련하는 데 온 힘을 쏟아야 했다. 이런 상황에서 수사팀을 증원·보강하며 팀을 꾸리기까지 엄청난 설득과 인내가 필요했다. 그렇게 하여 나는 11월 초 코바나컨텐츠 사건을 반부패부에 배당했다.

나의 11월 3일 업무일지에는 이런 통탄이 적혀 있다.

> 오늘 총장이 연수원에 가서 부장검사 강화 및 만찬을 한다고 보도되었다. 대통령도 아니고 검찰총장의 일거수일투족이 왜 뉴스에 나와야 하는지…….
> 언론은 저 총장의 행위가 과연 ①우리 국민에게 어떤 의미를 ②우리 검찰에는 어떤 의미가 있는지 전혀 고려치 않는다. 신기루와 같은 잠깐의 인기를 위해 조직 전체를 헌신짝처럼 팽개치고 자신만의 행보를 보인다. 나중에 이 검찰은 어찌되어도 좋은가. 신기루를 좇는 모습이 안쓰럽기까지 하다. 과거 문무일 총장이나 그 이전의 총장들은 정치적으로 해석될 수 있는 행위를 할 줄 몰라 안 했을까? 아무개 표현을 빌리자면 '잔머리 굴리는 중2 학생 수준'의 행동이라 안타깝기 그지없다.
> 이런 사람을 정의의 이름으로 포장해주고 추켜세우는 세력

은 또 뭔가.

2020년 11월 3일 한겨레 기사처럼, 그는 '거침없음과 무도함의 차이'를 구분할 줄 모른다. 참으로 안타깝고 한편으로는 불쌍한 인생이라는 생각에 번민이 앞선다.

나는 검사다. 오직 긴 호흡으로 자신을 성찰하고 자중자애하며 경거망동은 금물이다.

2020년 11월 24일 퇴근 무렵 법무부에서 윤석열 총장에 대해 직무배제와 함께 징계청구를 발표했다. 예측불가의 갑작스러운 상황이었다. 다음 날 조남관 대검 차장이 검찰총장 직무대행이 되었다. 나는 서울중앙지검 구성원들에게 본연의 업무에 집중할 것과 이런 때일수록 자중자애할 것을 당부했다.

윤 총장은 직무배제 명령을 취소하라는 가처분 신청을 냈다. 11월 26일에는 서울중앙지검 부부장, 평검사들이 윤 총장을 지지하는 의견을 표명한다는 보고가 들어왔다. 검사들이 업무시간을 피해서 모임을 갖고 의견표명을 하는 상황에서 검사장인 내가 개입하기도 난처했다. 나의 리더십에 대해 다시금 고민하게 되었다. 정답이 없으므로 처해진 상황에서 스스로 길을 찾을 수밖에 없었다. 앞으로 어떻게 조직을 추슬

러야 할까. 나는 고민을 거듭했다.

  11월 27일 오전에는 부장들까지 집단적 의견표명에 가세한다는 보고가 들어왔다. 나는 업무시간에 관련 회의는 불가하다는 점을 분명히 했다. 또한 총장 수사 관련 수사팀의 이해충돌 문제가 있으니 별도의 해결책이 필요하다는 의견을 밝혔다. 한편으로 차장들에게는 서울신문의 사설을 참고하도록 했다.

> 추미애 법무장관과 윤석열 검찰총장의 갈등이 폭발하는 지경이고, 검사들조차 집단 반발하는 상황을 바라봐야 하는 국민은 혼란스럽다. (중략) 평검사들로 시작해 일선 검사장 17명, 차관급 고검장들도 합류했다. 검사들의 표현은 조금씩 다르지만 '추 장관의 직무배제 재고 및 철회'를 요구하고 있다. (중략) 현재 추 장관과 윤 총장 사이의 갈등이 이전투구처럼 보이더라도, 검찰이 법치주의 훼손을 우려한다면서 나치나 괴벨스를 소환할 상황은 아니다. (중략)
> 검찰의 정치적 중립과 수사의 독립성을 보호하자는 의도가 "검찰총장은 법무부 장관의 부하가 아니다"라는 식으로 왜곡돼서는 안 된다. (중략) 윤 총장이 법적다툼을 택한 만큼 검찰은 '검란'으로 비쳐지는 집단이기주의적 행동을 택하기

보다 법원의 판단을 기다려야 한다.◆

12월 1일 오후 6시쯤 차장들이 면담을 하자며 검사장실로 나를 찾아왔다. 그들은 검사장이 현재 사태를 책임지고 사직해야 한다고 주장했다. 일부 차장들은 본인들과 나의 동반 사직도 요구했다. 나는 "윤 총장 가족 사건의 수사 최종 책임자로서 별도의 입장을 내는 것은 부적절하다"라고 말했다. 사직 요구에 대해서는 한 시간 후에 답을 줄 테니 그때 다시 검사장실로 오라고 했다. 차장들을 내보낸 후 숙고에 들어갔다. 그러고는 '법무부 장관과 총장의 문제는 법원에서 법적인 문제로 해결될 것이다. 총장 가족 관련 사건의 최종 책임자인 검사장이 이에 대해 입장을 표명하는 것은 옳지 않고 해서도 안 된다'는 생각에 이르렀다. 오후 7시 30분에 차장들이 다시 검사장실로 왔다. 나는 차장들에게 할 말을 다음과 같이 기록해두었다.

　○ 충언, 고언 감사 / 여러분의 충고는 마음에 새겨두겠다.

◆　〈[사설] 세계에서 가장 힘센 한국검사들, 집단행동 자중하라〉, 서울신문, 2020. 11. 27.

그것은 쿠데타였다

○ 이 세상을 살아갈 때 늘 '죽음'과 마주하며 살아가고 있다. 지금 이 시기를 사는 것도 동일하다.

○ 나는 여러분을 신뢰해왔고, 앞으로도 신뢰하는 믿음에는 변화가 없다.

○ 총장 문제는, 법원결정+내부의사표시 등으로 드러나고 있으며 거기에서 중앙지검의 의사도 어느 정도 확인된다.

○ 앞으로도 흔들림 없이 내가 있어야 할 곳, 가야 할 곳으로 가겠다.

○ 나를 믿고 많이 도와주고 응원해주면 고맙겠다.

다음 날 오전 머리가 어지러워 반차를 쓰고 병원에 들렀다. 진료를 마치고 출근할 무렵, 내가 사직할 것이라는 언론보도가 쏟아졌다. 부속실에도 관련 문의가 쇄도했다. 누군가의 언론플레이가 또다시 시작된 것이다. 도시락으로 점심을 먹으면서 차장들에게 사직 재고를 요청했지만 차장 한 사람은 끝내 사직을 고집했다. 그러나 그 역시 번복을 원한다는 소문이 돌았다. 본심을 가리는 허풍만이 난무하는 세태에 나는 혀를 찼다.

12월 4일 나의 업무일지에는 이렇게 적혀 있다.

O 보수언론의 집요한 공격

― 견뎌보자.

O "버텨보자" "산화"하자.

― 무엇이 옳은 길인지 고민

― 입장 不表明(불표명)이 '신뢰받지 못할 정치적인 모습'은 아니다.

― 사직해야 한다는 주장은 도대체 용납할 수 없다. 뜬금없기도 하다.

O 수사관들에게서 문자가 왔다. '침묵하는 다수가 있습니다.' '검사로서 부끄러운 길이 아님.' '세상 모두가 등 돌리진 않을 것이니 앞만 보고 가시라.'

12월 9일 검찰총장 징계위원회 전날 내가 증인으로 신청되었다는 연락을 받았다. 나는 수사를 담당하는 최종 책임자로서 증언하는 것은 부적절하다는 생각이 들었고 대신 문서를 보냈다.

12월 10일 총장 징계위원회가 열렸고, 닷새 뒤 2차 징계위원회가 열렸다. 결국 다음 날 새벽 4시 15분 윤석열 검찰총장에게 정직 2개월의 징계처분이 결정되었다. 검찰총장 징계위원회에 불출석한 나의 12월 15일 업무일지에는 다음과 같이 적혀 있다.

　　ㅇ 어쩌다 검찰이 이 지경이 되었을까.

　　─ 안타깝다.

　　ㅇ 우리는 어떻게 무엇을 해야 하는지? 마음잡기가 어렵다.

　　ㅇ 우리 모두가 '패배자'다.

　　윤석열 총장은 정직 2개월의 징계를 취소해달라며 법원에 징계취소 소송을 제기했다. 2021년 10월 서울행정법원은 윤 총장의 징계취소청구를 기각했다. 1심 판결이 그대로 유지되면 '면직도 가능한 중대한 비위행위'를 저지른 자가 되는 것이었다.

　　이미 대통령의 자리에 오른 윤 전 총장의 항소로 이 사건은 서울고등법원으로 올려졌다. 그러고는 2023년 12월 19일 선고가 되었다. 1심은 징계절차와 징계사유가 모두 정당하다고 보았다. 그러나 징계소송 항소심은 징계절차가 위법하다고 판단되므로 나아가 징계사유에 관하여는 더 이상 판단할 필요가 없다고 본 것이다. 항소심이 밝힌 징계절차 위법 사유를 요약하면 다음과 같다.

　　검사징계법은 '징계를 청구한 사람은 사건심의에 관여하지 못한다'(검사징계법 제17조 제2항)고 규정하고 있다. 따라서 검찰총장 징계청구자인 법무부 장관은 '징계사건의 심의'에 직접 참가하는 것은 물론 그에 실질적 영향을 미칠 수 있는 '모든 직무에서 배제'한다는 의미다. 따라서 법무부 장관이 위원장으로서 심의기일 변경, 징계위원 신규위촉행위, 위원장 직무대리 지정 등은 위법하다(그 외에도 항소심은 기피신청 의결 및 징계의결정족수 요건에 흠결 등 절차적 위법을 지적했다)고 판단했다. 하지만 1심에서는 '사건심의'란 징계위원 과반수가 출석하여 개시한 징계심의를 의미하고, 기일지정, 회의소집 등은 '사건심의'의 범위에 포함되지 않는다고 보아 적법한 절차로 판단했다. 검찰총장을 징계청구할 권한을 가진 이는 법무부 장관뿐이라는 사실을 감안하면 항소심의 판단은 사실상 '검찰총장은 징계 불가능하다'는 결과가 된다.

판결 선고일인 2023년 12월 19일부터 12월 20일까지의 '윤 총장 징계취소' 뉴스댓글 감성분석이라는 자료에 따르면, 그 뉴스를 보고 '화나요'라고 표시한 부정적 댓글이 71.12퍼센트였다.

금번 윤 전 총장 징계취소 소송처럼 1심과 항소심의 법리적 판단이 서로 상반된 경우, 윤 전 총장에 대해 징계를 내렸던 법무부는 대법원에 상고하여 최종 판단을 받아보는 게 합리적이다. 그런데 법무부는 2023년 12월 29일 이런 최종 판단 기회를 스스로 포기했다. 내가 예상한 그대로다. 이는 이미 '패소할 결심'을 한 한동훈 법무부다운 결정이라고 생각한다. 이에 대해 한겨레는 2024년 1월 1일자 사설에서 "법무부의 '패소할 결심'에 이은 상고 포기는 법과 원칙이 권력자 앞에서 한없이 무기력해진 사례로 기록될 것이다. 오죽하면 '승부 조작'에 비유하겠나. 이러고도 공정과 상식을 얘기할 수 있는지 자문해보라"고 일갈했다.

여기서 검사징계법 제7조의3(재징계 등의 청구)을 말하지 않을 수 없다. 본건과 같이 징계위원회의 구성 또는 징계 등의 의결, 그 밖에 절차상의 흠이 있어 징계처분이 취소 판결을 받은 경우에는 판결 확정된 날부터 3개월 이내에 법무부가 반드시 재징계를 해야 한다. 그러나 윤 전 총장이 이미 검사 신분이 아니므로 재징계를 할 수 없고, 현 법무부의 태도로 보아 그렇게 할 의지도 없어 보인다.

윤석열 징계취소 소송
1심 판결의 의미

윤석열의 수사방해 부분에 대한 1심 법원의 판결문은 몇 가지 아주 중요한 지점을 내포하고 있다. 2021년 10월 14일 서울행정법원의 1심 판결문을 보면, 한동훈이 피의자인 채널A 사건 수사를 방해하기 위해 윤석열 검찰총장이 부당한 지시를 한 사실이 명백하게 드러나 있다. 이해를 돕기 위해 1심 판결에서 서울행정법원이 인정한, 당시 채널A 수사와 관련된 서울중앙지검과 대검찰청 간의 사정을 요약하면 다음과 같다.

첫째, 윤석열 총장은 한동훈과 직연(職緣) 등 지속적인 친분관계(두 사람은 대검 중수부, 박근혜 대통령 특검, 서울중앙지검 등에서 함께 근무했다)가 있어 한동훈이 피의자로 특정되어 있는 채널A 사건 수사에 최대한 개입을 자제해야 할 의무가 있다고 봤다.

둘째, 윤석열 총장은 2020년 6월 피의자 한동훈이 관련되었다는 서울중앙지검의 보고를 받고 채널A 사건 관련 일체의 보고를 받지 않을 것이라 하고, 서울중앙지검에 대한 지휘를 대검 부장회의에 위임하고 있었다.

셋째, 전문수사자문단은 검찰청 간 이견(異見)으로 전문적 자문에 기초한 협의가 필요한 경우 소집할 수 있도록 그 요건이 정해져 있다. 2020년 6월 한동훈의 휴대폰이 압수되었다는 보고를 받고 큰 '충격'을 받은 윤석열 총장은 곧바로 전문수사자문단 소집을 지시했다. 윤 총장이 지시한 전문수사자문단은 서울중앙지검을 지휘하는 대검 부장회의와 서울중앙지검이 서로 이견이 존재하는 경우에 소집할 수 있다. 하지만 소집의 전제가 되는 두 주체 간의 이견은 존재하지 않았다. 그럼에도 윤 총장은 전문수사자문단 소집 결정 여부를 위임해달라는 대검 부장회의의 건의를 무시하고 소집을 강행했다. 이에 대검 부장회의 일부 구성원들은 서울중앙지검이 반대하는 전문수사자문단원 선정 회의에 불참하기도 했다.

넷째, 6월 24일 당시 한동훈 검사장에 대한 휴대폰 압수수색 외에는 별다른 수사가 이루어지지 않은 상태였다. 그런데 대검이 서울중앙지검에 발송한 전문수사자문단 소집 결정 및 후보자 추천 요청 공문에는 심의대상에 '한동훈에 대한 공소제기 여부'가 포함되어 있었다. 당시까지 진행된 수사상황에서 한동훈 피의자에 대한 혐의 유무를 판단하기에는 매우 이른 시기였다. 이런 상황을 고려하면 전문수사자문단 소집에 '한동훈에 대한 공소제기 여부'를 안건에 포함한 행위는 한동훈 수사를 일찌감치 유리한 방향으로 종결시키고자 하는 의도가 있었다고 의심을 살 수 있는 매우 부당한 조치였다.

다섯째, 위와 같은 윤석열 총장의 부당한 행위에 대해 1심 법원은 다음과 같이 판결했다. 한동훈이 피의자로 특정되어 있는 채널A 사건 수사에 총장이 개입하여 요건도 갖추지 못한 전문수사자문단 소집을 지시한 것은 공정한 직무수행의무를 위반한 것(국가공무원법 제59조, 검찰청 공무원 행동강령 제5조)이고, 또한 검찰총장 자신의 직무권한을 행사하여 직무 관련 공무원에게 직무의 범위를 벗어나는 부당한 지시를 한 것(검찰청 공무원 행동강령 제13조의2)으로서 두 가지 법령 위반 행위는 국가공무원법(제56조)상 법령준수의무를 위반한 것이다. 결국 윤석열 총장의 채널A 사건 수사와 감찰을 방해한 법령 위반 행위는 면직 이상의 중징계가 가능하므로, 법무부가 내린 정직 2개월의 징계가 타당하다고 명확하게 판결한 것이다.

그렇다면 윤석열 징계취소 소송 1심 판결의 의미는 무엇일까? 채널A 사건 수사에 대해 잘 모르는 사람들이 봐도 앞에서 서술한 윤석열 총장의 조치는 그가 입에 달고 외치던 '공정', '상식'과는 한참 거리가 먼 것이었다.

판결에서도 지적한 것처럼 '한동훈 전 검사장에 대한 수사를 그에게 유리한 방향으로 일찍 종결시키고자 하는 의심을 살 수 있는 매우 부당한 조치'를 무리하게 지휘한 것이다. 나는 이 판결 내용에 나온 윤 전 총장의 징계사유가 된 행위는 형법상 직권남용죄가 될 수 있다고 생각한다. 대통령은 헌법상 소추를 받지 않으므로 재임 중에 기소는 되지 않지만, 재임기간 중이더라도 공수처 등에서 수사는 계속할 수 있다. 그 후 대통령 신분을 벗어나면 직권남용죄로 형사 처벌될 수도 있다. 취소 소송 판결 중 징계사유에 대한 판단은 '윤 전 총장이 직권남용죄로 처벌될 수 있는 사안'이기 때문에 더더욱 중요하다. 내가 이 판결 내용이 윤석열의 '아킬레스건'이 될 것이라 생각하는 이유다.

나아가 1심 판결에서 판단한 징계사유를 본다면(항소심은 '징계절차의 위법'을 이유로 그 이후의 단계인 '징계사유가 맞는지' 실체 판단은 하지 않았다), '중대 비위를 저지른 공무원'이 최고위직 공무원(대통령)이 된 것이므로 '대통령 자격'에 문제가 발생한다. 당시 많은 언론들이 윤석열 징계에 대해 법무부 장관의 '찍어내기' 감찰이라는 프레임을 씌웠고, 윤석열 역시 피해자 코스프레를 통해 정치적 입지를 다졌다고 볼 수 있기 때문에 그의 정치적 정당성이나 출마 명분도 당연히 퇴색되는 것이다. 법률적으로나 정치적으로나 그에게는 부담스러운 아킬레스건이 아닐 수 없다.

윤석열 총장 징계취소 소송은 애초에 원고 윤석열, 피고 추미애 법무부 장관이었다. 그런데 정부가 바뀌면서 법무부 장관이 바뀌었고, 재판 구도도 원고 윤석열, 피고 한동훈 법무부 장관으로 바뀌었다. 1심 승소를 이끌었던 변호사들도 해임되었다. 항소심 대응 과정에서 언론에서는 한동훈의 법무부가 '패소할 결심'을 한 것이라는 비판과 뒷말이 무성했다. 원고와 피고가 관련 증거를 제출하며 치열하게 다투고 맞서는 구조에서 주장과 증거제출이 있고, 법원의 판단을 받아야 하는데, 항소심에서 예상하지 못한 상황이 벌어진 것이다. 나는 일찍이 상법과 민법상 대표이사와 법인의 이해관계가 대립한 경우 특별대리인을 선정하도록 한 규정을 원용하여 특별대리인 선임을 주장했다. 하지만 이 소송에서 특별대리인은 선임되지 않았다.

앞서 말한 대로 "패소할 결심"이라는 비판을 받던 법무부는, 이러한 항소심 판결에 대해 상고하지 않았다. 항소심에서 실체적 판단 없이 절차상의 문제를 들어 윤석열의 손을 들어주었으므로 원고 윤석열, 피고 한동훈이었던 '윤석열 총장 징계취소 소송 결과'는 그대로 유지될 것이다. 그러나 1심에서 윤석열 전 총장에게 '면직'까지 가능한 것으로 인정되었던 채널A 감찰 및 수사 방해 행위 등의 징계사유는, 상황이 바뀌어 공수처 등에서 직권남용죄가 되는지 수사를 하게 되면 언제든지 윤석열 전 총장의 아킬레스건으로 되살아날 수 있다고 본다. 왜냐면 진실은 변하지 않고 그대로 있으므로.

한동훈의 휴대폰

채널A 검언유착 사건의 피의자 신분이었던 한동훈 전 검사장의 압수 휴대폰은 결국 열리지 않았다. 많은 사람들이 나에게 물었다. 그 휴대폰에 과연 문재인 정권에 상처를 내려는 의도로 공작한 내용이 있었는지, 윤석열과 한동훈 사이에 무슨 일이 있었는지……. 그 궁금증에는 끝이 보이지 않았다.

채널A 이 모 기자와의 공모 여부를 확인하려는 압수목적이 영장에 기재되어 있으므로 우리는 그 부분에만 관심이 있었다. 한동훈 전 검사장의 휴대폰이 열리고 사건의 실체에 접근할 수 있었더라면 많은 사람들의 관심, 또 언론에서 그렇게

그것은 쿠데타였다

많이 물어오던 궁금증이 확인되었을지도 모른다. 사건 피의자에게 정말 그런 공모의 의도가 있었다면 만천하에 드러났을 테니 피의자 한동훈과 윤석열의 처지는 지금과는 전혀 달라졌을 것이다.

한동훈 전 검사장은 고집스럽게 휴대폰 비밀번호를 알려주지 않았다. 사건을 맡은 서울중앙지검 수사팀으로서는 물리적으로 그를 강요할 방법이 없었다. 수소문 끝에 나는 이스라엘의 모 전문업체에 보내면 아이폰 비밀번호를 해제할 수 있다는 정보를 접하고 윤석열 총장의 후임인 김오수 총장에게 여러 경로로 도움을 요청했다. 하지만 납득할 만한 이유도 듣지 못한 채 협조를 받지 못했다.

한동훈의 휴대폰은 끝내 열리지 않았고, 내가 서울중앙지검을 떠난 이후 후임 서울중앙지검장은 사건을 종결했다. 윤석열이 대통령에 당선된 직후인 2022년 4월 6일의 일이었다. 서울중앙지검 수사팀이 내놓은 '무혐의처분'의 주된 이유는 "현재의 기술력으로는 휴대전화 잠금해제 시도가 더 이상 실효성이 없다"는 것이었다.

한동훈의 휴대폰 비밀번호를 풀지 못하게 되면서 그 대신 법원의 압수수색영장을 발부받아 유심칩을 압수해 관련 자료를 확보하려고 했지만, 서울고검에서 수사팀 정진웅 부장검사를 독직폭행혐의로 기소하는 바람에 더 이상 진척이 없었다.

2021년 1월 18일 채널A 수사 관련 부서의 부장이 부하 검사들을 데리고 나를 찾아왔다. 그들은 한동훈의 휴대폰 비밀번호를 풀 수 없으니 '혐의 없음'으로 처분하자고 나를 압박했다. 그들의 행동이 다소 엉뚱해 보였고 나로서는 이해하기 어려웠지만 그 내막까지 확인할 겨를이 없었다. 당시 대다수 보수언론도 그들의 주장과 궤를 같이하고 있었다. 모두가 담합이라도 한 듯 나를 압박하는 형국이었다. 그 사건이 형식상으로는 지검장의 결재까지 필요하지 않은 '차장 전결 사안'이라는 사실도 모르는 기자들이 '이성윤 서울중앙지검장만 결재를 미루고 있다'고 먼저 보도할 정도였다. 다만, 위임전결 규정상 차장검사의 결정에는 직속상관인 나의 사전 동의가 필요했다. 그러나 내가 차장검사에게 동의해주지 않은 상황에서 끝까지 진실을 밝혀낼 방도를 찾아보자는 나의 태도가 껄끄럽고 불편했을 것이었다. 2021년 1월 20일 채널A 사건 수사팀에게 나는 이렇게 말했다.

○ 그간 수사 및 공소유지 노력에 감사함. 또 검사장실에 방문하여 좋은 의견을 주신 것도 깊이 감사함.

○ 본건 수사는 시민단체 고발과 검찰총장의 수사지시에 따라 수사에 착수한 것임.

○ 수사 착수 후 수사팀은 이 모 기자와 한동훈의 유착 여부에 대한 실체를 규명하기 위해 한동훈의 휴대전화에 대해 압수수색영장을 청구하여 법원으로부터 영장을 발부받았음.

─ 법원도 공모 여부를 판단할 수 있는 중요 증거물로 판단하여 압수수색영장을 발부한 것임.

○ 2020년 7월 한동훈에 대해서는 법원의 적법한 압수수색영장에 의해 압수한 휴대전화에 대해 포렌식을 마치지 못한 상황이기 때문에 수사를 계속할 수밖에 없음을 발표한 바 있음.

○ 따라서 한동훈에 대한 혐의 유무 판단의 핵심 증거물인 압수한 휴대전화에 대한 포렌식 절차를 진행하지 않은 것은 수사 미진에 해당한다고 생각함. 특히 검찰 고위직에 대한 수사는 본인 및 검찰 전체의 신뢰를 위해서도 휴대전화 포렌식 이후 사건을 판단함이 상당하다고 생각함.

2021년 6월 10일 나는 서울중앙지검을 떠나 서울고검장으로 근무지를 옮겼다. 한동훈 전 검사장의 휴대폰 비밀번호를 해제하고, 그 내용을 확인하는 포렌식 절차는 결국 불발되었다. 앞서 말한 대로 다음 해 4월 6일 서울중앙지검은 한동훈 전 검사장에게 무혐의처분을 내리고 휴대전화를 돌려주며 사건을 종결시켰다.

그것은 쿠데타였다

심겨 있는 곳에서 꽃을 피워라

"너는 너의 길을 가고, 사람들에게는 멋대로 지껄이게 하라."
2020년 1월 13일 서울중앙지검장에 부임할 때 어느 지인이
보내준 문구다. 단테의 《신곡(神曲)》에 나오는 문장이다. 의
미심장하다 싶어 곧바로 2020년도 업무일지 첫 장에 적어놓
았다. 날마다 되새김질할 요량이었다. 당장 뭐라고 해야 할지
고민하던 취임사가 술술 풀려나왔다. '나는 나의 길을 간다'
여기에 방점을 두자. 그렇게 취임사가 완성되었다.

  검찰은 지금 새로운 변혁의 시대를 맞고 있습니다. 공수처

법이 국회를 통과하여 그 시행을 앞두고 있고, 검·경 수사권 조정 법안에 대한 본회의 표결절차가 진행되는 등 검찰을 둘러싼 형사절차가 앞으로 크게 바뀔 것이라 예상됩니다.

검찰개혁에 대한 국민들의 요구와 열망도 그 어느 때보다 높은 상황입니다. 이와 같이 검찰을 둘러싼 환경이 어렵고 급변하는 상황에서, 우리가 국민으로부터 신뢰를 받을 수 있는 방법이 무엇이겠습니까? 참으로 오랫동안 우리의 선후배들이 고민해온 숙제이기도 합니다.

저는 검찰 구성원 한 분 한 분이 변화하는 시대정신을 되새기고, 국민들이 진정으로 검찰에 바라는 것이 무엇인지 고민하며 소통함으로써, 검찰개혁을 바라는 국민들의 요구에 적극 동참하는 것이 그 답이라고 생각합니다. 이를 위해 몇 가지 당부말씀을 드리고자 합니다.

첫째, 국민들의 인권을 보호하기 위해 절제된 검찰권 행사가 필요합니다. 저는 누가 뭐라고 하더라도 검찰은 인권을 보호하는 기관이라고 생각합니다. 이것은 검찰의 존재이유이기도 합니다. 여러분께서도 잘 아시다시피 인권은 시대를 초월하는 보편적 가치이고, 오랜 기간 우리 검찰이 표방하여온 최고의 가치입니다. 검찰권 행사의 목표와 과정도 이러한 국민들의 인권보호의 관점에서 생각하고, 정해져야 합

그것은 쿠데타였다

니다. 일선 수사현장에서 국민들의 요구와 바람이 무엇인지를 잘 경청하고, 국민의 관점에서 생각하며 수사를 해나갈 때, 비로소 인권이 진정으로 보호되는 것입니다. 수사의 단계별 과정 과정마다 한 번 더 생각하고, 절제와 자제를 거듭하는 검찰권 행사가 필요합니다. 절제된 수사과정을 통해, 실체적 진실이 규명되고, 인권보호도 이루어져 종국적으로는 당사자 모두가 수긍하는 수사결과도 나올 수 있다고 생각합니다. 이러한 점에서 최근 제정된 '인권보호수사규칙'과 '형사사건 공개금지 등에 관한 규정' 등 수사 관행을 개선하기 위해 새로 도입된 법령을 철저히 준수하여 인권보호 수사가 정착될 수 있도록 노력하여주시기 바랍니다.

둘째, 민생과 관련된 검찰 본연의 임무에 역량을 집중해야합니다. 사회적 이목을 집중시키는 사건 수사가 검찰에 맡겨진 중요 업무인 것은 분명합니다. 그러나 그 과정에서 민생범죄 등 일반 형사사건에 대한 수사기능도 정상적으로 작동되어야 합니다. 국민 입장에서는 사건 하나하나가 중요 사건이므로 허투루 취급할 수 없다고 생각합니다. 비단 형사부만의 문제가 아닌, 우리 서울중앙지검 검찰 가족 모두가 함께 이루어야 할 과제입니다. 한정된 서울중앙지검의 수사 역량을 현안 수사는 물론 국민 한 사람 한 사람에게 매우 중요한 민생과 직결된 사건에도 투입하여, 국민에게 도움이 되는 효율적인 수사시스템으로 정비할 필요가 있습니다. 이를 위해 보고절차와 형식을 간소화하고 불필요한 업무는 과감히 축소하여 검찰 본연의 업무에 역량을 집중하는 한편, 자유롭고 수평적인 의사소통의 조직 문화가 정착될 수 있도록 저부터 최선을 다하겠습니다. 직원 여러분께서도 능동적인 자세로 적극 동참해주실 것을 부탁드립니다.

셋째, 형사부 전문화와 인권보호를 위한 새로운 사법통제 모델의 모색 등 변화하는 수사환경에 적응하기 위한 준비와 노력이 필요합니다. 서울중앙지검이 담당하는 역할과 그에 대한 국민적 기대가 그 어느 때보다 커지고 있습니다. 국민들에게 고품질의 형사사법서비스를 제공하기 위해 구성원 모두가 각자 맡은 자리에서 최고의 전문가가 되겠다는 각오로 형사부를 비롯한 검찰 각 부문의 전문화에 힘써주시기 바랍니다.

한편, 검찰이 국민의 인권보호와 공정한 수사라는 두 가지 중요한 가치의 실현을 위해 새로운 사법통제 모델을 모색해야 합니다. 경찰을 형사절차의 협력과 동반자로 확실히 인식하고, 경찰이 제 기능을 다할 수 있도록 지원하는 것도 우리 검찰의 임무라고 생각합니다. 그 과정에서 극복해야 할

그것은 쿠데타였다

난관도 많겠지만 우리 모두의 힘과 지혜를 모은다면, 충분히 헤쳐나갈 수 있다고 생각합니다.◆

　서울중앙지검장에 취임하고 이틀 뒤 윤석열 총장을 면담하기 위해 대검에 올라갔다. 윤 총장은 나의 취임사를 언급하면서 '절제된 검찰권 행사'에 대해 물었다. 하필이면 왜 이 시기에 검찰권 행사의 절제를 주장하는지, 다른 의도는 없는지, 의구심을 가진 듯했다. 나는 법무부에 가 있는 동안 먼발치에서 검찰을 볼 수 있었고, 검사의 수사권이 절제되어야 한다는 게 평소 소신이라고 답했다. 절제된 수사를 해야 충분히 당사자가 인정하는 결론에 이른다는 취지였다. 윤 총장도 그 자리에서는 수긍하는 분위기였는데, 지금 돌아보면 나의 순진한 착각이었다.

　1년 6개월 뒤 나는 서울중앙지검을 떠나 서울고검장으로 자리를 옮겼다. 나도 그렇거니와 검찰의 처지가 윤 총장 가족 및 측근 수사 등으로 여론에 매우 민감한 시절이었다. 때가 때인 만큼 직원들이 동원되는 이임행사를 생략하고 조용하게 서울중앙지검을 떠나기로 했다. 대신 직접 이임편지를 써서

◆　　2020년 1월 13일 서울중앙지검장 취임사 중에서.

197

3부 • 흔들리는 헌법: 윤석열과 정치검찰

직원 한 분 한 분에게 이메일로 발송했다. 그 편지 전문을 여기에 싣는다. 내가 서울중앙지검에 몸담은 동안 주로 어떤 생각을 하고 어떻게 근무했는지, 수사에 관한 평소의 신념은 무엇인지 등을 정리한 글이다.

중앙지검 가족 여러분, 이성윤입니다!

작년 1월 처음 뵙고 취임말씀을 드린 것이 엊그제 같은데, 벌써 1년 6개월이 지나 이제 작별인사를 드려야 할 시간이 되었습니다. 그간 부족하고 미욱한 저를 여러모로 도와주셔서 진심으로 감사하다는 말씀을 드립니다.

중앙지검장으로 부임한 이후 지금까지의 시간을 돌아보면, 마치 거친 파도 위에서 흔들리는 배의 중심을 잡고 끊임없이 앞으로 나아가야만 하는 것과 같은 상황의 연속이었고, 저 개인적으로는 수없이 많은 번민의 시간이기도 했습니다. 제가 이임하면서 그동안 말하지 못했던 몇 가지 소회를 말씀드리고 싶습니다.

저는 검찰의 일부 잘못된 수사방식과 관행이 많은 비판을 받고 있어, 기본과 원칙, 상식에 맞는 절제된 수사를 하여야 한다고 평소 생각해왔습니다. 끊임없이 사건을 고민하고, 수사를 받는 사람의 입장에서 단계 단계마다 최대한 수긍할 수 있는 절차를 보장하고, 그에 따라 가장 공정하고 객관적인 결론을 내고자 최선을 다했습니다. 이를 위해 현행 인권 보호수사규칙, 형사사건 공개금지 등에 관한 규정 등 실제 수사를 받는 국민들이 피부로 느낄 수 있는 규정부터 잘 지킬 수 있도록 노력했습니다.

또한 검찰에 극히 일부이긴 하지만 음주를 비롯한 시대에 맞지 않는 조직 문화가 여전하다는 비판을 받아들여 시대나 상황에 맞는 독서와 연구로 전문화와 변화를 도모하고 구성원 개개인의 개성과 자율을 최대한 신장시키는 조직 문화로 바뀌어야 한다고 생각하고, 지휘해왔습니다. 이러한 형법의 겸억성(謙抑性)을 생각하는 수사방식을 관철하고, 잘못된 조직 문화 등의 개선을 위해 나름 노력을 했습니다만 저의 역량부족으로 미흡한 점이 많았다고 생각합니다.

반면, 돌이켜보면 아쉬운 점도 있습니다. 우선, 최근 제가 대검찰청 반부패·강력부장으로 근무 당시 발생한 일로 기소가 되어 여러분께 심려를 끼쳐드린 점, 송구스럽게 생각합니다. 또 중앙지검장 부임 이후 왜곡된 시선으로 날선 비판을 받지 않은 날이 없었고, 저의 언행이 의도와 전혀 다르게 받아들여지거나 곡해되는 경우도 있었습니다. 검찰 구성원의 한 사람으로서 검찰이 처한 안타까운 현실로 인해 수없

3부 · 흔들리는 헌법: 윤석열과 정치검찰

이 많은 불면의 밤을 보내며 번뇌하였지만, 사건처리 과정에서 '흑을 백으로, 백을 흑'으로 바꾸는 지휘는 결단코 하지 않았다는 점만은 자부합니다. 오히려 코로나 상황 속에서도, 냉철한 고언과 비판은 저를 겸허히 돌아볼 수 있는 계기가 되었고, 따뜻한 위로와 격려는 제가 버텨나갈 수 있는 힘이 되었습니다. 깊이 감사드립니다.

끝으로 제가 초임 시절부터 가졌던 검사로서의 원칙과 마음을 말씀드리고자 합니다.

저는 전북 고창에서 가난한 농부의 아들로 태어나 어려운 형편에 장학생으로 선발되어 대학을 졸업할 수 있었고, 서울지검 검사로 첫 출발을 하였습니다. 초임 검사로서 성수대교, 삼풍백화점 붕괴 사건 등을 수사하고, 법무부에서는 통합도산법 제정에 참여하기도 했습니다. 이후 서울중앙지검 금융조사2부장, 광주지검 특수부장 등 여러 청에서 주로 부패범죄 수사부장으로 근무하였습니다.

이렇게 검사로서 근무하는 동안 저는 선배들로부터 배웠던 것처럼 '검사는 수사로만 말한다'고 생각하고, 지금도 이 원칙을 지키려고 노력하고 있습니다. 또 '심겨진 곳에서 꽃을 피워라'를 신앙적 좌우명으로 삼아, '지금 있는 이 자리'에서 최선을 다해 법리와 증거에 맞는 수사결론을 위해 노력했다고 자부합니다.

이런 사정 속에서 초임 검사로, 부장검사로, 그리고 검사장으로 열정을 불태웠던 이곳 서울중앙지검에서, 최고의 인재들과 함께 손을 맞잡고 일할 수 있어 크나큰 영광이었고 행복이었습니다.

저처럼 부족한 사람과 함께 근무하시면서 정말로 많은 수고와 애쓰신 점에 대해 감사와 미안한 마음을 거듭 말씀드립니다. 앞으로도 이러한 마음을 간직하고 구성원 여러분 모두를 소중하게 받들며 살아가겠습니다.

늘 고맙고 진심으로 감사합니다.

2021년 6월 10일 이성윤 올림.

최초로 기소된 서울중앙지검장

나는 2024년 1월 현재 재판을 받고 있다. 죄목은 김학의 전 법무부 차관 출국금지와 관련된 것이다. 김학의의 출국을 방해한 것은 불법임에도 이 과정에 대검 총장과 차장도 모르게 사전에 내가 관여했다는 혐의다. 그리고 그런 사실이 탄로날까 봐 안양지청이 수사를 개시하자 내가 막았다는 것이 주요 내용이다.

그러나 나의 죄목은 실체와 전혀 맞지 않다. 내 상식으로는 좀처럼 납득하기 힘든 사건이기도 했다. 설령 내가 그런 죄를 지었다고 한들 각종 비리로 의심받던 김학의 전 법무부 차관

그것은 쿠데타였다

이 도주로 의심되는 출국을 하도록 그냥 놔두는 게 옳았다는 말인가. 하물며 그 일과 무관한 나를 그 사건에 엮어 죄를 뒤집어씌우려는 세력이 있다는 사실이 통탄스러울 뿐이다.

누구나 소송에 걸리면 재판 준비로 일상이 힘들어지고 생계마저 위협받는다. 나라고 해서 예외일 수는 없다. 중이 제 머리 못 깎는다는 속담이 있듯이 법을 전공한 나도 자신의 사건에 대응하려면 평정심을 잃기 쉽고 일상에 지장이 생기므로 응당 변호사를 선임해야 한다. 다행히 1심에서 진실이 밝혀져 무죄가 선고되었음에도 나의 불행을 원하는 검찰 내 세력은 실력행사를 그치지 않는다. 그들은 항소를 했고 나는 또다시 재판 준비를 한다.

내가 재판을 준비하면서 2021년 3월 발표한 '김학의 전 차관 출국금지 수사 관련 입장문'을 요약하면 이렇다.

첫째, 이 사건 수사과정에서 내가 외압을 행사한 사실이 없다. 검사들이 관련된 이 사건은 내가 지휘하던 대검 반부패·강력부 승인 사항이 아니므로 더더욱 나와는 무관하다. 대검 지시에 대해 일선 청의 이의제기권이 충분히 보장되어 있었으므로 의사결정 구조상 김학의 출국금지 건에 대해 수사나 감찰을 못 하도록 반부패·강력부가 일선 청에 압력을 행사했다는 주장은 옳지 않다.

둘째, 나에 대한 수사와 기소는 형사절차법상으로도 맞지 않다. 공수처법상 고위직 검사의 범죄는 공수처의 관할이므로 검찰이 기소 여부를 결정하겠다는 것은 공수처법 위반이다.

셋째, 수사의 지휘계통에 문제가 있다. 윤석열 총장은 수원 고검장에게 나에 대한 수사를 맡겨놓고 위법하게 자신이 나서서 직접 수사를 지휘했다. 상당히 부적절한 지휘계통이다. 따라서 나에 대한 기소와 재판은 윤석열 전 총장과 대립관계에 있고, 그 가족 내지 윤석열과 관계 있는 이른바 특수라인을 수사 중인 서울중앙지검장을 찍어내려는 표적수사의 결과라고 볼 수밖에 없다.

나는 여전히 현직 공무원이므로 뇌물이나 청탁금지 위반이라는 오해를 피하기 위해 뜻있는 변호사들의 무료 변론마저 거절한다. 경제적으로도 고통이 가중되고 가장의 역할도 제대로 할 수 없지만 다행히도 아내가 잘 견뎌주니 고마울 따름이다.

수사를 받으며 가장 힘든 일은 없는 기억을 만들어내라고 강요받는 것이었다. 불과 하루 전 일도 잊고 사는 세상인데, 일선 청에서 일상적으로 대검에 보고한 수천 건 중 하나에 불과한 내용을 기억해내라는 것이 도대체 사람의 능력에 맞는 주문인가. 그것도 두 해를 넘긴 일을 말이다. ◆

그것은 쿠데타였다

일선 검찰청에서도 주임검사가 기소의견으로 올린 사건을 차장이나 부장이 재검토해보라고 지시하고, 그 후에 주임검사가 '혐의 없음'으로 결재를 다시 올려서 자연스레 종결처리되는 일은 흔하다. 그런데 2년이나 지난 일로 직권을 남용했다며 그 부장이나 차장을 고발한다면 검찰업무는 어떻게될까? 어이없게도 그런 일이 벌어지고 말았다. 2021년 5월 13일 검찰이 나를 직권남용으로 기소했고 나는 서울중앙지검 구성원들에게 이렇게 말했다.

"먼저 제가 대검찰청 반부패·강력부장 재직 시 발생한 일로 기소가 되어 송구할 따름입니다. 대검과 일선 청, 검찰청 내 사건의 결재 등 검찰업무에 대해 마땅한 법원의 평가가 따를 것입니다. 저에 대한 재판은 오롯이 제가 감당해내겠습니다. 수사팀에 대해 여러 생각이 있을 수 있지만, 반부패·강력

◆　나는 2017년 8월부터 2019년 7월까지 꼬박 2년을 대검찰청에서 문무일 검찰총장 참모로 근무했다. 첫 1년은 형사부장, 나머지 1년은 반부패·강력부장이었다. 이 시기에 이른바 김학의 출국금지 사건(2019년 3월 22일)이 발생했다. 검찰총장의 참모는 전국 60여 개 청에서 일어난 상황을 언제든지 총장에게 보고하고, 총장의 지휘를 받아서 다시 일선 청에 전달하며 끊임없이 소통하는 자리다. 주중과 주말을 가리지 않고 상황을 체크해야 하기 때문에 거의 24시간 근무나 마찬가지다. 새벽 1시를 넘겨 총장에게 보고한 날도 많았다. 나는 매일 8시에 아침 일과를 시작했는데, 소속 과장이나 연구관은 그보다 한두 시간 먼저 시작했다. 그리고 일선 청에서는 통상 매일 수십 건의 보고서가 대검으로 올라온다.

부에서 성실하게 근무했던 검사들에 대해 불기소한 것은 그나마 다행입니다."

안양지청의 모 검사가 제출한 이른바 '공익신고서'가 언론에 떠오르자 내가 총장에게 보고를 누락했다는 등 수사과정에서나 나올 법한 내용까지 거침없이 보도되었다. 공익신고라는 명분을 빌려 사건을 만든 배후와 저의가 의심될 만도 했다. 당시 지인들로부터 전화가 왔다. 정말 내게 잘못이 있는지 묻는 내용이었다. 나는 단순명료하게 대답했다. "나는 그 수사에 관여한 것이 전혀 없으니 아무런 문제가 없습니다."

당시의 상황은 이랬다. 언론에서 수사 관련 보도를 한다. 나는 수사팀이나 공보담당자에게 항의한다. 수사팀은 언론에 흘리지도 공보하지도 않았다고 발뺌을 한다. 그런 후에도 수사가 진행될 때면 어김없이 언론에 보도된다. 흘리거나 공보했다는 사람은 없는데, 언론이 어떻게 수사상황을 훤히 알고 기사화할까?

나는 수사의 과정, 과정마다 이른바 보수언론의 보도에 대응하느라 정신을 차리기 어려웠다. 2년 전인 2019년 반부패·강력부장으로 재직할 당시의 기록이나 보고서가 전무한 상황인데 언론에 보도된 수많은 의혹들을 무슨 재주로 일일이 대응한다는 말인가. 더구나 시시각각 보도되는 내용은 생경한 것도 많았다. 억지 사건들이 정녕 이렇게 만들어지는 것일까.

나는 사람이 범죄적 상황에 처할 때의 심리를 안다. 내 경험에 비추어볼 때 어떤 꺼림칙한 결정이나 범죄를 저질렀을 때는 보통 기억에 남는다. 그런 행동은 특이한 것이라서 잘 잊지 못하는 것이다. 하지만 일상적인 업무 과정이었다면 전혀 기억나지 않을 가능성이 높다. 설령 그 당시 무슨 일이 있었더라도 내 기억에 전혀 남아 있지 않는 것은 일상적 업무 중 하나로 대수롭지 않게 여겼기 때문일 것이다.

그런데 마치 내가 큰 잘못을 한 것처럼 보도가 되니 답답하여 업무일지를 찾아보았다. 나는 검사생활 30년을 보내면서 중요하거나 결심을 요하는 내용에 대해서는 날마다 업무일지에 기록해왔다. 수사가 시작되고 두 달이 지난 뒤였는데, 새벽에 일어나 집안을 샅샅이 뒤진 끝에 2019년도 업무일지를 찾아냈다. 다행히도 2019년도 3월부터 7월까지의 기록이 있었다. 수사에 필요한 답변이 될 만한 내용이었다.

2019. 7. 4. 총장 보고용 메모.

출국금지정보 유출에 관련하여 법무관 등은 혐의 없음.

긴급출금 관련해서는 더 이상 수사계획 없음. 지청장 차장 부장이 일치하여 합의.

기록을 통해 일부 사실을 알게 되었으니 그렇게 반가울 수가 없었다. 수사팀에 제출했지만 그들은 내 업무일지를 믿지 않으려 했다. 하는 수 없었다. 나는 지금부터라도 수사에서 재판까지의 모든 기록을 남기기로 했다.

수사의 시작

2021년 1월 '공익제보'라는 이름으로 야당(국민의힘)에 제보된 공익제보서가 수원지방검찰청에 접수되었다. 수사를 개시한다는 보도가 이어졌다. 제보의 내용은 2019년 6월 당시 대검찰청 반부패·강력부에서 김학의 전 차관 출금 수사를 못 하도록 막았는데, 대검의 책임자가 반부패·강력부장이므로 이를 피신고인으로 해서 공익신고를 한다는 것이었다. 그에 더하여 수원지검 안양지청에 접수되어 수사 중이던 사건도 뜬금없이 수원지검으로 이송배당을 했고, 여기에 평택지청 부장검사 등으로 수사팀을 보강하여 수사를 맡긴다는 것이었다.

처음에는 나와는 전혀 상관없는 수사라고 생각했다. 당시 대검찰청 선임연구관, 수사지휘과장, 연구관에게 물어보았지만 다들 내가 안양지청에서 수사 중인 김학의 사건에 대해 무슨 말을 하거나 관여한 사실이 없는 걸로 기억했다.

2021년 2월 설날 무렵 수원고검장이 출석요구를 했다. 갑자기 수원고검장이 수사를 지휘한다니 뜬금없고 이상했다. 보통 고등검찰청은 일선 지방검찰청의 수사를 지휘할 수 없다. 수원고검장에게 이유를 물으니 아무튼 자신이 지휘를 한다며 나에게 설 연휴기간에 출석해달라고 요구했다. 나는 생각해보겠다고 답했다.

설 연휴가 지난 후 다시 출석요구가 왔다. 나는 서면조사를 받거나 서면진술서를 내면 안 되는지 물었고, 수원고검장은 '공익제보 사건이므로 전원 면접조사를 해야 한다'는 입장이었다. 그러나 나는 수사팀에 협조하는 뜻에서 우선 기억나는 대로 적어 서면진술서를 보내주었다. 그러자 다시 전화가 왔다. 보내준 진술서로는 턱없이 부족하니 반드시 출석조사를 받아야 한다는 것이었다. 그러고는 출석요구서가 느닷없이 사무실로 왔다. 퇴근 무렵에 서울중앙지검 검사장실로 수원지검 수사관이 가지고 온 출석요구서에는 그 주 금요일이나 주말에 출석하라고 적혀 있었다. 나는 인권보호수사규칙을 들어 시간이 필요하다고 답변해서 돌려보냈다.

그다음 주 월요일(2월 22일)에 다시 사무실로 출석요구서가 왔다. 이틀 후인 수요일(2월 24일)에 출석하라는 내용이었다. 나는 사건 내용을 전혀 모르고 있고, 검찰에서 보낸 출석요구서에는 수사 내용이 몇 줄 기재되어 있지 않아 고발 요지나 피의사실 요지를 알 수 없으니 수사기록 열람등사를 해서 확인 후 출석하겠다고 답변서를 보냈다. 이번에는 다시 그 주 토요일, 일요일, 삼일절(휴일) 중에 출석하라는 요구서를 보내왔다. 그사이에 열람등사 신청을 해서 사본한 사건기록을 살펴보았으나 사건이나 고발내용을 거의 이해할 수 없었다. 나는 변호인을 선임해서 출석하겠다고 답변을 보냈다.

마침내 2021년 2월 말부터 변호인을 물색하기 시작했다. 그런데 많은 변호사들이 내가 지휘하는 서울중앙지검 사건을 수임하고 있어서 '이해충돌' 때문에 사건 수임을 할 수 없다고 했다. 변호인을 구하기가 이렇게 어려울 줄은 상상도 하지 못했다. 백방으로 물색한 끝에 서울중앙지검에 수임한 사건이 없는 변호사를 선임할 수 있었다.

나는 그래도 수십 년간 검사로 근무하고 있으니 그나마 변호사들에 대해 필요한 정보를 어렵지 않게 얻을 수 있었다. 하지만 일반인 피의자나 피고인들은 갑자기 수사를 받다 보면 변호인을 급히 구해야 할 때도 있을 것이고, 정보 부족이나 경제적 이유, 변호사와 이른바 궁합이 안 맞는 등의 문제 등으로 얼마나 힘들지 실감하게 되었다. 수십 년간 변호인 조력권이라는 것을 막연히 남의 일처럼 피상적으로만 알다가

그것은 쿠데타였다

직접 내 일로 경험해보니 하나하나가 정말 어려운 과정이라는 것을 절실히 느낄 수 있었다.

변호인을 선임한 후 본격적으로 수사 준비를 시작했다. 고위직 검사의 직권남용 등 일부 범죄의 수사와 기소는 고위공직자범죄수사처에서만 할 수 있다. 그 무렵 나에 관한 사건을 수원지검에서 인지하여 공수처에 이첩한다는 보도가 나오기 시작했다. 수원지검은 삼일절 다음 날 마침내 사건을 공수처에 이첩했다.

나는 이 대목에서 몇 가지 문제를 제기했다. 피의자의 상황과 절차를 무시하고 출석요구를 해도 되는가? 출석요구와 동시에 언론에 보도가 되는 것이 옳은가? 인권보호수사규칙이 제대로 지켜졌는가?

공수처 출석

2021년 3월 2일 공수처에 사건이 이첩된 후 나는 변호인을 통해 '고위직 검사에 대한 수사권은 공수처에 있고 이 사건은 공수처의 전속관할'이라는 취지의 의견서를 공수처에 제출했다. 내 변호인은 공수처장 면담 신청서도 함께 제출했다. 그러자 공수처에서 곧바로 출석요구를 했다. 변호인이 내게 당장 출석할 수 있는지 물었지만, 업무 형편상 주말로 조정해달라고 공수처에 다시 요청했다. 다만 서울중앙지검장이라는 민감한 자리에 있으니 비공개 출석을 하겠다고 말했다. 공수처의 요구대로 나는 변호인과 준비 과정을 거쳐 3월 7일 오후에 정부과천청사에 있는 공수처에 출석했다. 공수처에서는 비공개 소환을 위해 공수처가 제공하는 차량을 타고 들어오도록 조치했고, 이에 따라 과천청사 부근까지는 변호인의 차를 타고 갔다가 과천청사 앞에서 공수처가 제공하는 차량으로 옮겨 탔다. 그리고 공수처 수사관의 안내에 따라 공수처 사무실에 들어갔다. 공수처장과 공수처 차장이 나란히 앉고, 맞은편에는 나와 변호인이 착석해 조사를 받았다. 옆에는 수사관 한 명도 참여했다.

먼저 공수처장이 진술거부권을 구두로 고지하고 내가 확인서에 서명했다. 공수처장은 기록을 다 읽고 요약해둔 메모지를 보면서 사건 내용에 대해 신문했다. 나는 변호인과 상의하면서 상세히 답변했고, 함께 가져간 업무일지도 제시했다.

조사가 끝날 무렵 공수처장과 차장은 조서를 별도로 받지 않겠다고 했다. 검찰 조사 내용에서 더 나아간 것이 없다는 취지였다. 의혹 내용 전반에 대한 조사가 한 시간 넘게 진행되었다. 그 시간 동안 사적인 이야기나 별도의 면담은 전혀 없었고, 시종일관 수원지검 이첩 사건에 대한 질문과 답변이

그것은 쿠데타였다

이어졌다. 마침내 조사가 끝났다는 공수처장의 말을 듣고 나는 그곳을 나왔다.

그런데 당시 언론에는 나의 공수처 출석을 두고 '황제 소환'이라는 보도가 연일 들끓었다. 누가 영상을 제공했는지 몰라도 내가 과천청사 앞에서 공수처가 제공한 차량을 타는 장면이 계속 보도되었다. 공수처 차량으로 과천청사 안에 있는 공수처 건물까지 수백 미터가량 이동했을 뿐인데, 공수처장의 관용차량으로 이동했으니 '황제 소환'이라며 비판을 해댔다. 이러한 비판에 공수처에서는 막 출범한 공수처에는 차량이 두 대밖에 없어서 그중 하나를 수사에 투입한 것뿐이라고 해명자료를 냈다. 심지어 어떤 시민단체는 '그것은 황제 소환이므로 공수처에서 뇌물을 받은 것'이라고 나를 고발했다.

검찰 재이첩

공수처에서 나를 직접 조사한 것은 단 한 번뿐이었다. 비록 공수처가 처장과 차장 등 소수의 직원만으로 이제 막 출범한 상황이긴 했지만, 나는 수원지검에서 이첩한 사건을 공수처가 맡아서 계속 수사해야 한다는 입장이었다. 나는 변호인을 통해 고위직 검사의 직권남용 수사는 공수처의 전속관할이고, 이를 다시 검찰로 이첩해 수사하다가 범죄혐의가 발견되면 공수처로 재이첩해야 되는 문제가 생기니 공수처에서 공정하게 수사해달라는 취지로 의견서를 다시 제출했다. 3월 12일 공수처는 '조직구성이 완료되지 않아 사건을 다시 수원지검에 이첩한다'고 발표했다. 다음 날 보도를 보니, 검찰에 재이첩한 것은 수사 후 공수처에 다시 송치해달라는 취지였다고(이른바 공소권 유보부 이첩) 보도되었다. 경찰이 사건을 수사한 뒤에 검찰에 송치하는 것처럼, 공수처는 수원지검이 돌려받은 사건을 수사해서 결론낸 후 공수처에 재이첩할 것으로 예상했을까? 나는 지금도 궁금하다.

체포영장 검토?

2021년 3월 윤석열이 검찰총장을 사임했다. 그해 4월 법무부는 후임자 지명을 위해 검찰총장 후보 추천위원회를 구성하고 인선에 돌입했다. 그 무렵 언론에는 검찰이 흘린 것인지 아니면 기자들이 예상해서 쓴 것인지는 모르지만, 내가 수원지검에 출석해서 성실하게 조사를 받지 않을 경우 체포영장을 검토할 것이라는 기사가 상당히 많이 올라왔다. 체포영장이 법원에서 발부되면 그때는 공개적으로 할 말은 하리라 다짐하고 있었기 때문에 큰 두려움은 없었다. 그러나 변호인은 만일의 사태에 대비하여 '도주나 증거인멸 염려가 없는 서울중앙지검 검사장을 체포하는 것은 말도 안 된다'는 취지로 영장의 부당함을 알려야 한다면서 법원에 의견서를 냈다. 그 후 체포영장에 대한 소식은 더 이상 듣지 못했다. 영장이 청구되었는데 법원에서 기각했는지 아니면 대검에서 청구를 불허했는지 그것도 아니면 수사팀 스스로 포기했는지는 알 수 없다.

수사심의회

믿을 만한 지인의 조언에 따라 나는 수사심의회 신청을 했다. 모양새가 빠진다는 비판도 있었지만 내가 대검에서 근무할 때 국민을 위해 운영하던 제도이니 한번 믿어보자는 의견을 따르기로 했다. 2021년 5월 10일 수사심의회 날짜가 잡혔다. 심의회에 보여줄 프레젠테이션 자료도 변호인이 준비했다. 변호인과 함께 대검에 도착하여 오후 2시부터 열리는 수사심의회에 출석했다. 대립적인 토론이 아니라 각자 설명하는 식으로 진행되었다.

검사가 설명할 때는 밖에서 변호인과 대기하고, 다시 내가 변호인과 함께 설명할 때는 검사가 밖에 나가 있는 방식이었다. 수사심의회는 '직권남용죄의 형이 얼마나 되나?' 같은 질문만 할 뿐 내 변호인이 설명한 사건 내용에 대해서는 별로 묻지 않았다. 관심이 없는 듯했다. 나중에 바꿀 기회가 있으면 수사심의회에서 사건을 실질적으로 심사할 수 있도록 제도를 바꿔야 한다는 생각이 들었다.

수사심의회는 기소의견으로 결론이 났다. 그날 검사 출신 변호사로부터 문자메시지가 왔다. 몇 년 동안 거의 교류가 없던 사람이었다. 그는 나의 사정에 대해 묻지도, 그간의 상황을 상세히 알려고 하지도 않았다. 묻지도 요구하지도 않았는데 그가 일방적으로 문자를 보내왔다. 특정 세력이 그동안 내게 셀 수도 없이 해대던 말과 내용이 너무도 똑같아서 나는 놀라웠다. 뜬금없는 문자의 내용은 다음과 같다.

형님! 오늘 심의회 결과를 보면서 제일 안 된 분이 형님이라는 생각에 마음이 아픕니다.

저는 언젠가부터 형님께서 언제 어떻게 퇴장하여야 하나 생각했습니다. 많은 사람들이 형편없이 비난하고 검사로서의 자존심을 다 버리고 정권에 왜 저렇게 빌붙어 있냐는 식의 말을 할 때마다 참 안타까웠습니다. 나름대로 이유야 있었겠지만요. 그러나 지금은 형님께서 그렇지 않다는 것을 보여주실 때라고 생각합니다. 늦은 감이 없지 아니하나, 더 이상 늦추시다가는 더욱 어려워지실 것 같습니다. 기분 나쁘게 생각하지 마십시오. 내일 오전, 나는 소임을 다했으며 검찰과 국민이 잘되길 바란다고 짧은 한마디 하고 사의를 표하십시오. 검사들이 버렸고, 정권도 버렸으며, 이제 일반 국민들(심의회)도 형님을 버리고 있습니다. 검사로서 자존심을 보여주실 수 있는 마지막 기회라고 생각됩니다.

앞으로 있을 검찰 인사도, 재판도, 새 총장 취임도, 더 나아가 혹시 정권교체(같은 당 내부라도 정권은 교체됨) 등 모든 상황을 대입해보더라도 형님께서는 중앙지검장을 마지막으로 하심이 더 이상의 곤경을 피하는 길이 되리라 봅니다.

이 외에도 나를 제거하려는 시도는 온갖 방법으로 다 동원되었다.

기소

2021년 5월 12일 검찰은 직권남용 권리행사 방해로 나를 기소했다. 당장 아내가 받을 충격이 걱정되었다. 일단 하루 휴가를 냈다. 아내를 안정시켜야 했다. 가까운 식물원에 가서 함께 걸으며 많은 대화를 했다. 아내에게 그간의 기소상황과 내용에 대해 상세히 말해주었다. 무엇보다 "이 사건에서 나와 관련해 범죄가 될 만한 요소는 전혀 없다"라고 말했다. 아내도 언론보도를 통해 어렴풋이나마 내용을 알고 있었다. 무심한 척했지만 속으로 얼마나 걱정을 하고 있었을까.

그 무렵 나에 대한 기소를 철회하라는 청와대 국민청원이 있었다고 동네 지인이 알려주었다. 그는 국민청원에 동의를 클릭하는 것 말고는 도와줄 수 없는 현실을 매우 안타까워했다.

그러나 그들은 기어이 기소를 했다. 나는 6월 10일 서울중앙지검을 떠났다. 이임편지를 보내는 것으로 이임식을 대신했다.

기소 후 재판 대응

기소 후 1년 8개월 동안 1심 재판이 이어졌다. 김학의 출국을 금지한 차규근 당시 출입국본부장, 이광철 민정비서관 등에 대한 사건과 나의 직권남용 사건은 같은 재판부에 배당되었다. 하지만 두 사건을 병합하지 않고 따로 심리하되 병행심리로 진행했다.

대검찰청에서는 문무일 당시 검찰총장, 봉욱 대검 차장, 문홍성 대검 선임연구관 등이, 법무부에서는 윤대진 당시 검찰국장, 진재선 당시 검찰과장이, 청와대에서는 조국 당시 민정수석 등 수십 명이 재판부에 출석해 증언했고 2022년 12월 1심 변론을 종결했다. 1심에 제출한 나의 '최후진술서'는 다음과 같다.

그것은 쿠데타였다

먼저 이 사건 심리와 관련하여 저희 측 주장을 끝까지 경청하여주시고, 심리에 많은 배려를 해주신 재판장님께 깊은 감사의 말씀을 드립니다. 저는 자연인으로서 신앙과 양심을 걸고 말씀드리자면, 저는 김학의 출금 과정, 그 이후에 이루어진 안양지청의 긴급출금 수사에 개입한 사실이 없고, 또 개입할 이유도 전혀 없습니다. 제가 증거로 제출된 수사기록과 이 법정의 증거기록을 볼 수 있었는데, 저도 수십 년 동안 수사업무를 해온 법률가이기에 이 재판에 관하여 재판장님께 드리고 싶은 말씀을 몇 가지 정리해보았습니다.

1. 저의 수사경험으로 볼 때, 도저히 이해가 안 되는 기소입니다.

— 이 사건은 직권남용 권리행사 방해죄 단독범으로 기소한 사건입니다. 그런데 공소장 기재에 의하더라도 "함께" 또는 "경합적으로 범행"을 했다고 하는 당시 법무부 검찰국장, 안양지청장, 차장검사는 기소 당시부터 공수처에서 수사 중에 있고, 현재도 수사 중에 있습니다. (중략)

— 그런데 너무나도 급하게 서둘러서 저 한 사람만 '콕 집어 기소'하여, 저만 피고인으로 이 법정에 서고, 저 외에 다른 사람들은 그 후 전혀 수사가 진행되지 않는 황당하고 도저히 이해할 수 없는 상황에서 오늘 이 결심까지 이르게 되었

습니다.

— 제가 이 자리에서 감히 말씀드릴 수 있는 것은 공소장에 막연하게 기재된 것처럼 제가 어떤 법외의 권한을 행사한 사실이 전혀 없고, 대검찰청에 근무하는 검찰총장의 참모로서 법령에 따라 맡은 바 업무를 절차에 따라 정확히 수행했을 뿐입니다.

— '이 사건은 선택적 지록위마(指鹿爲馬)식 기소'이고, 또한 이 사건 기소가 '공소권 남용'이라는 저 나름의 억울함과 답답함이나 분노가 왜 없겠습니까. (중략)

2. 이 사건은 대검의 통상적 지휘보고 절차와는 다른, 법무부의 개입이 혼재된, 이 사건만의 특수성을 고려해야 합니다.

— 통상적으로 법무부는 일선 청의 구체적 사건에 관여하지 않고, 대검이 일선 청과 협의하여 수사를 지휘합니다.

— 그런데 법무부 출입국관리 공무원들이 출금 관련 수사를 받게 되자 검찰 인사권이 있는 법무부 검찰국장이 직접 나서서 검사장 승진을 목전에 둔 안양지청장에게 여러 번에 걸쳐 수사가 불필요하다는 전화 및 항의성 전화를 하고, 안양지청으로부터 출입국관리 공무원 조사경위 보고서를 받은 것이 이 사건의 특수한 상황입니다. (중략) 법무부의 강력한 개입이라는 특수한 상황이 혼재된 측면이 있습니다.

3. 준사법기관인 검사가 수사과정에서 지키고 따라야 할 것은 법령에 정해진 절차입니다.

— 저는 김학의 전 차관에 대한 긴급출금에 관여한 바 없어 보고를 누락하거나 수사중단을 지시할 이유도 없고, 그럴 권한도 없었습니다. (중략)

— 저는 대검찰청에 근무하는 검찰총장의 참모로서 이와 같은 법령에 정해진 절차와 지시에 따라 대검에 보내온 일선 청 보고서를 보고하고, 그 과정에서 일선 청 상황을 파악하여 총장님께 보고하였으며, 총장의 지시에 따라 일선 청에 지시 사항을 전달한 것뿐입니다.

4. 대검찰청 반부패부장으로서 근무 중 통상적인 일상적 업무 과정을 범죄로 둔갑시켜 기소한 사건입니다.

— 긴급출금과 관련하여 피고인이 대검 반부패부장으로서 하였던 일은, (중략) 검찰총장의 업무지시에 따른 직무상 통상적인 업무 과정일 뿐 대검 반부패부의 의지나 의견이 개입될 여지가 없는 행위입니다. (중략)

5. 이 사건 공소사실은 막연한 추론에 의한 것으로서 이른바 사후확증편향에 의한 기소입니다.

— 이 사건 공소사실에서 법무부 관여자는 법무부 장관, 검찰국장, 진재선 형사기획과장이고, 대검찰청은 문무일 검찰

총장, 봉욱 대검 차장, 피고인, 선임연구관, 수사지휘과장, 연구관이 있으며, 청와대는 조국, 이광철 등 관여자가 다수입니다.

— 그런데 제가 이들과 어떻게 의사연락이 되었고, 어떤 협의를 하였는지, 이들로부터 어떤 지시를 받아 행위를 했는지, 또는 이들에게 어떤 지시나 건의를 해서 이 사건 기소에 이르게 되었는지에 대한 기재가 없습니다.

— 이는 이른바 사후확증편향(hindsight bias)이나 또는 "나는-줄곧-그걸-알고-있었어"라는 효과처럼 어떤 사건의 결과가 있고 나서 그 결과를 미리 예측할 수 있었다고 믿는 경향에 따라, 저도 마치 이들 관련자들과 모두 관련이 있고 이에 따라 제가 어떤 역할을 했는지는 알 수 없어도 그 결과가 있으니 어떤 책임이나 관련이 있지 않을까 하는 이른바 사후확증편향에 의한 기소라고 생각합니다.

— 아시다시피 헌법과 형사소송법의 무죄추정의 원칙상 검사가 범죄의 전 과정을 입증하여야 하는 것은 당연합니다. 이 사건은 그러한 입증보다는 막연한 추론이나 사후확증편향으로 각 관련자 간 행위 관련성을 입증하지 않은 채 기소에 이르게 된 것이라 생각합니다.

재판부에서 이러한 점을 모두 살펴 현명한 판결을 해주시기 바랍니다.

2022. 12. 2. 진술자 이성윤.

2023년 2월 15일 서울지방법원(1심)은 나의 직권남용 혐의에 대해 무죄를 선고했다. 검찰이 불복하여 항소했지만 2024년 1월 25일 서울고등법원(2심)도 나에게 무죄를 선고했다. 검찰은 실무적으로 공소장 변경을 잘 하지 않는다. 처음 기소가 잘못되었다는 인상을 주기 때문이다. 그런데 검찰은 1심에 이어 항소심에서도 공소장을 또 변경했다. 이에 대해 항소심 재판부는 1심 재판부와 마찬가지로 검찰이 재차 변경한 공소장 내용이 인정되지 않으며 법령상 직권을 남용한 점이 없다는 점을 분명히 했다. 사필귀정의 당연한 결과다.

윤석열의 자유민주주의

2023년 12월 28일, 대부분의 언론은 국방부가 국군《정신전력교육 기본교재》에 독도를 영토분쟁지역으로 기술한 사실을 보도했다. 그동안 독도가 대한민국의 고유영토라는 믿음을 굳건히 유지하던 국민들은 눈과 귀를 의심하지 않을 수 없었다. 교재 속 다수의 한반도 지도에 독도가 표시되어 있지 않은 것도 충격이었다. 국방장관이 공식사과를 하고 교재를 전량 회수키로 하였으나 윤석열 정부의 정체성이 친일 매국적이라는 비판이 끊이지 않는다.

조만간 독도 영유권 문제로 온 나라가 시끄러워질 것이라

그것은 쿠데타였다

는 점은 예견되어 있었다. 미국이 일본의 손을 들어줄 가능성이 어느 때보다 높아 보였기 때문이다. 2023년 9월 미군이 공식문서에서 '동해'를 '일본해'로 바꾸었다. 전쟁할 수 있는 국가를 지향하는 일본을 앞세워 중국과 러시아를 견제하고 태평양 패권을 유지하려는 목적이다.

그렇다면 '일본해' 안으로 들어간 우리의 독도는 누구의 것이 되는가. 그런데 한국의 언론이 조용하다. 정부와 여당은 말할 것도 없고 야당도 미국 정부에 적극적으로 항의를 하지 못한다. 참으로 이상한 일이 아닐 수 없다. 이 나라에 진정한 보수가 보이지 않는다. 임진왜란 때나 구한말의 의병처럼 내가 속한 공동체와 전통적 가치를 지키려고 나서는 자들이 보수이건만, 이 땅의 보수라는 자들은 제 족속의 이익을 지키기보다는 사대주의나 친일, 친미를 그 이념으로 삼는다. 현 정권은 북한은 차치하고라도 노태우 정부에서 어렵사리 성사시켜 국교를 맺고 무역량을 대폭 늘려놓은 중국과 러시아마저 적으로 돌려놓는다. 한미일 삼국동맹을 추진하는 바이든 정부의 신냉전 기류 속에서 한국이 또다시 일본의 앞잡이가 되어 총알받이로 내몰릴까 봐 여간 걱정되지 않는다. 일본의 우익정부는 이 기회를 놓치지 않을 것이다.

내 눈앞에 어른거리는 큰 그림자는 일본의 한반도 재침탈

음모다. 일본 우익은 자신들의 식민지였던 한반도를 실지(失地) 회복의 대상으로 생각한다. 일본의 음흉한 속셈에 동조하여 궐문을 열어주고 부와 권력을 보장받던 조선 말기 친일파들의 모습과 지금의 뉴라이트 세력 또한 일란성쌍둥이다. 일본 덕에 개화가 되어 이만큼 발전했다고 주장하는 그들에게 윤석열 정권이 날개를 달아주었다. 일본은 한미일 군사동맹에 발 벗고 나섰다. 외세는 한반도가 통일되어 힘 있는 나라로 성장하는 것을 결코 원치 않는다. 미국과 함께 일본은 러시아와 중국, 북한을 적으로 삼고 여기에 대항하는 한미일 삼각동맹을 추진 중이다. 이러한 신냉전 구도는 군사적으로 일본이 한반도에 발을 들여놓기에 유용한 구실이 된다. 북한뿐아니라 우리의 주권과 영토를 위협하는 세력은 누구든 우리의 주적이 된다. 일본은 독도침탈 야욕을 나날이 강화하고 있다. 일본은 한때 우리의 주적이었고 그런 의미에서 또다시 우리의 주권을 위협하는 세력이다. 이런 행위에 동조하는 자는 반역자이며 매국노에 다름이 아니다.

일본에 굴종적인 한국의 현 집권자도 친일 사대주의에 전 뉴라이트 패거리들과 오십보백보로 보인다. 이명박 정부에서 권력을 누렸던 자들이 이제는 윤석열의 검찰권력을 등에 업고 실지 회복을 해나가는 중이다. 윤석열 정권은 과거 해묵은 인사들을 불러들였다. 각 부처마다 이미 자신의 측근 검사들을 배치했지만, 평생 수사만 해온 자들만으로는 국가운영이 어렵다는 현실을 깨달은 모양이다.

집권자가 보수 집회장에서 뜬금없이 '공산전체주의'를 거론하며 '이념이 제일 중요하다'고 외쳤다. 참으로 뜬금없었다. 공산주의나 전체주의는 많이 들어봤지만, '공산전체주의'라는 단어는 내가 찾아본 국어사전에는 없었다. 처음에는 '용산전체주의'를 잘못 들었나 싶었다. 굳이 청와대를 마다하고 도청에도 취약한 용산으로 고집스레 집무실을 옮겼으니 그런 단어가 먼저 떠오르는 것도 무리는 아니었다.

그는 반공을 앞세워 자신이 배격한다는 전체주의에 스스로 빠져들었다. 스탈린, 히틀러, 김일성에게서 보아왔던 그 전체주의 말이다. 국가가 이념을 강조하면 국민 개개인의 자유는 유보될 수밖에 없다. 전체주의 정부는 국가 구성원들이 동일한 이념으로 획일화되기를 원하기 때문이다. 하여 현 집권자가 외치는 자유민주주의와 이념적 편향성은 절대로 공존하지 못하는 형용모순이다. 지역으로 편을 갈라 표를 쓸어가곤 하던 박정희 정권과, 해묵은 이념으로 갈라치기하여 선거에 대비하려는 현 집권자의 속셈은 대동소이하게 보인다. 자신이 집권하는 데는 당장 도움이 될지 몰라도 이렇게 해서 만들어

3부 • 흔들리는 헌법: 윤석열과 정치검찰

지는 이념적 냉전의 질서는 전쟁을 부른다. 헌법 제4장 제66조 제3항을 보면 "대통령은 조국의 평화적 통일을 위한 성실한 의무를 진다"라고 되어 있다. 평화를 지향하는 헌법가치에 대한 도전이자 중대한 훼손인 것이다.

친일인가 무능인가

헌법 제34조 제6항: 국가는 재해를 예방하고 그 위험으로부터 국민을 보호하기 위하여 노력하여야 한다.

헌법 제35조 제1항: 모든 국민은 건강하고 쾌적한 환경에서 생활할 권리를 가지며, 국가와 국민은 환경보전을 위하여 노력하여야 한다.

우리 헌법이 보장하는 환경권은 최소한 건강하고 쾌적한 환경에서 공해 없는 생활을 할 수 있도록 환경보호를 국가에 요구하는 것을 주된 내용으로 한다. 구체적으로 국가의 환경

침해에 대한 방어권, 제3자가 일으키는 환경오염을 막아줄 것을 요구하는 공해배제청구권, 건강하고 쾌적한 생활환경 조성 청구권 등을 내용으로 하고 있다. 또 헌법에 따라 체결된 국제환경조약 중 런던협약(폐기물 및 기타물질의 투기에 의한 해양오염방지에 관한 협약)이 있다. 우리나라도 1993년 런던협약에 가입하고 발효되었으므로 일본의 핵폐기물 해양투기 행위에 대해 법적 절차를 밟을 수 있을 것이다.

나는 석사과정에서 환경 관련 법률을 공부했고, 논문을 쓸 때도 그 방면으로 초점을 잡았다. 또한 꽃 사진 찍기가 취미인 나는 여전히 환경오염에 민감한 야생화에 관심이 많다. 내가 틈만 나면 들꽃을 보러 다니는 이유도 그와 무관하지 않다. 어지간히 밟혀도 죽지 않는 생명력을 가진 들꽃마저도 지구온난화에 더 이상 버티지 못하고 멸종의 길로 들어섰다. 어린 시절 발끝에 걸리던 토종민들레도 도시를 떠나 산골짜기로 피신한 지 오래다.

21세기도 한참을 지나는 오늘날 지구상에는 유난히 기후재난으로 고통받는 인구가 늘고 있다. 어느 재난영화처럼 우리 아이들은 노인이 되기도 전에 지구를 탈출해야 할지도 모른다. 이런 상황에서 2023년 들어 본격화한 일본 정부의 무책임한 핵오염수 방류가 나를 불안에 떨게 한다. 더구나 윤석열 정부의 어이없는 대응 태도에 그저 어안이 벙벙하다.

　일본의 기시다 정부는 오염수를 알프스라는 장치로 걸러내고 희석시키면 해롭지 않다고 주장한다. 그렇다면 그 물을 자국 내에서 공업용수로 재활용하면 될 일이지 굳이 세계적 비난을 감수해가며 인류의 우물인 태평양에 버릴 이유가 없지 않은가.

　문제는 윤석열 정부의 매국적 행태다. 정부 여당은 우리 국민의 혈세로 핵폐수의 안전성을 광고하는 등 일본 정부의 대변인 노릇에 앞장서고 있다. 일본 정부는 수산물 소비량이 줄어들 것을 우려하는 자국 어민들을 위해 예산을 편성하고 생계대책을 세우는 반면에 한국 정부는 수산물 소비를 부추길 뿐이다. 과학을 내세워 오염수의 안전을 강조하지만 국내에서도 어민들의 항의시위가 나날이 늘어간다. 이제 정부는 일본의 행패로 인한 피해를 수습하는 데 한국인의 세금을 쓸 모양이다. 하다못해 가해자인 일본 정부에 구상권을 청구하겠다는 자세도 보이지 않는다.

　중국은 일본산 수산물 수입을 전면 중단했다. 각 분야에서 이미 일본과 경제적으로 얽혀 있는 중국도 단교까지 할 수는 없을 터, 언젠가는 슬그머니 조건을 달아가며 규제를 풀지 않겠는가. 그 조건이란 다름 아닌 주고받기다. '너희 사정을 봐

줄 테니 우리 쪽에도 뭔가는 줘야 할 것 아니냐'일 것이다.

윤석열 정부는 외교의 기본을 망각했다. 핵오염수의 위험성을 근거로 중국처럼 해양방류 반대를 선언해야 했음에도 일본 정부의 대변인 노릇을 하고 말았다. 그 순간, 우리는 장차 외교무대에서 사용할 효과적 협상수단을 잃었다. 기왕에 방류를 저지할 수 없었다면 자국민의 불만을 외교적 레버리지로 삼아 상대국에 손해배상을 요구할 계획이라도 세워야 한다. 그것이 외교의 기본 아닌가. 그럼에도 이 정부는 '오야붕'으로 모시는 일본을 위해서라면 겁에 질린 '꼬붕'처럼 자국민의 이익에 눈을 감는다. 온 국민이 걱정하는 목소리를 괴담이라니.

이명박 정부 초기에 미국산 쇠고기 수입에 반대하던 국민은 현 정부 앞에서 괴담에 홀린 바보 취급을 받는다. 광우병에 걸린 한국인은 없지 않았느냐고 정부 여당은 국민을 나무란다. 이 나라 국민들이 광화문에 나가 수입반대를 외쳐 감염확률이 낮은 어린 소의 고기만을 수입하도록 정부에 힘을 실어준 결과라는 건 숨긴다.

아직 누구도 피해를 장담할 수 없는 상황에서 '과학'을 내세워 가해자에게 면죄부부터 쥐어줄 일이 아닌 것이다. 설령 오염물질이 한반도에 도달하는 데 몇 년이 걸린다고 해도 그것은 정해진 미래의 일 아닌가. 그 전에 국경을 알 리 없는 후쿠시마 물고기가 헤엄쳐 오면 무슨 수로 막을 것인가. 우리 바다에서 잡힌 그 물고기가 국내산으로 둔갑되어 내 가족의 입으로 들어갈 것은 자명하다.

2024년 봄 22대 총선이 끝나면 어떤 일이 벌어질까. 중국과 달리 정부는 후쿠시마산 수산물 수입을 추진할 것이다. 핵오염수가 안전하다고 앞장서서 광고했으니 장차 일본 정부의 수입 요구를 무슨 명분으로 막을 것인가. 한국 정부가 개과천선해서 수입규제를 강화한들 헛수고가 되기 십상이다. 일본이 세계무역기구에 불공정 조치라고 제소하면 우리에게 승산이 있을까.

징용피해자들이 대법원에서 승소하자 이 정부는 가해자인 일본 기업이 할 일을 대신해주고 있다. 국내에 자산을 가진 일본 기업이 아니라 한국 기업으로부터 돈을 갹출해 그 돈으로 배상 문제를 해결한다. 가해국의 심기를 건드리지 않으려고 피해국에서 돈을 모아 판결금이라는 명목으로 피해자들과 유족들을 달랜다. 속된 말로 '매 맞은 사람의 동네에서 삥을 뜯어 때린 자의 빚을 갚아주는' 황당한 짓을 감행한다. 오로지 양국의 관계를 개선하기 위해서란다.

그렇게 개선한 관계로 돌아오는 건 독도침탈이었다. 정부의 이런 조치에 발맞춰 일본 정부는 독도 영유권 홍보를 강화하기로 했다(2023년 9월 10일자 요미우리신문 보도). 웃는 얼굴에 침을 뱉어도 항의할 줄 모르는 한국 정부다. 정부는 오히려 '독도 홍보와 학술사업 예산'을 전년도의 10억 원에서 8억 6800만 원으로 줄였다(해양수산부가 국회에 제출한 2024년도 예산안).

대법원의 판결까지 무시하며 징용피해자들을 대하는 이 정부의 태도는 한국인의 자존심을 여지없이 훼손한다. 자국민의 돈으로 일본이 행한 패악질의 뒤처리를 해주는 정책은 핵오염수 문제를 대하는 방식과 데칼코마니처럼 닮아 있다. '윤석열은 왜놈의 앞잡이'라든지 '일본 정부가 파견한 총독'이라고 비판하는 국민들을 그는 이제 반국가세력으로 몰아갈 태세다.

친일인가 무능인가. 둘 다일 수도 있다. 지금쯤 일본 정부는 매우 뿌듯해할 것이다. '조선 땅에 총독부를 다시 세워 믿을 만한 총독을 앉혀두었다'며 축배를 들지도 모른다.

그것은 쿠데타였다

4부

진실은
달라지지 않는다

정치검사가 되기를 거부한 죄

이른바 보수언론이 나를 폄훼하여 즐겨 쓰는 말이 있다. 이성윤은 '정치검사'라는 말이다. 태양을 바라보는 해바라기처럼 권력을 좇아 일신의 영달을 꾀하는 검사라는 뜻일 게다. 짐작컨대 내가 문재인 정부에서 검찰의 중요 보직을 맡았기 때문이라고 풀이된다. 하지만 나를 비난하는 세력들은 촛불혁명으로 탄생한 정부가 추진하던 검찰개혁이라는 대의명분에는 눈을 감는다. 그들에게 그것이 옳은 길인지에 대한 고민은 없어 보인다. 그러니 내가 검찰개혁에 힘을 보태려고 애썼다는 사실을 그들은 부러 외면해버린다.

진보정권이 무너지기만을 바라는 수구세력에게 민주주의를 향한 나의 소박한 진심이 통할 것이라는 기대는 언감생심이었다. 나는 그들에게서 '자신이 보고 싶은 것만 골라서 보고, 믿고 싶은 것만 선택적으로 믿고자 하는 게으른 인간의 속성'을 본다. 매사에 굳이 한 걸음 더 들어가 상황을 파악하려면 에너지가 더 들게 마련이다. 예상치 못했던 진실과 맞닥뜨리거나 새로운 상황에 다다르면 발상의 전환이 필요하고, 때로는 자기부정이 선행되어야 하기 때문이다.

진보인사였던 사람이 나이가 들면서 보수로 돌아서는 이유도 크게 다르지 않다. 현실에 영합하면 편하고 안전한데, 그렇잖아도 줄어드는 에너지를 소비해가며 새로운 이론을 공부하고 변화된 환경에 적응하는 게 녹록지 않기 때문이다. 그렇다고 내가 무슨 대단한 진보주의적 신념을 가진 것도 아니다. 나는 그저 공무원으로서 맡은 바 본분에 충실할 뿐이다.

일부 정치권에서 말하듯이 내가 본래부터 정치권력에 아부하는 속성을 가졌다면, 윤석열 전 총장이 대권을 잡았을 때 그 대열에 영합하려고 시도했을 것이다. 그랬다면 지금처럼 수사와 재판을 받고 감찰까지 당하는 화를 입지 않았을 것이다.

현재 대권을 잡은 인물은 내가 연수원 시절부터 누구보다도 가까이 지내던 사람이 아닌가. 2019년 7월 검찰총장에 지명되어 인사청문회에 나온 그에게 비리를 들추며 비난을 퍼붓던 당시 야당 의원들은 이제 친윤 라인으로 돌아서서 오늘날 한 자리씩 챙기지 않았나. 내가 권력에 아부하는 정치검사였다면 후과(後果)를 살피지 않는 무모함으로 맞설 게 아니라, 안락한 방향으로 변절을 꾀했을 것이다. 마른침 꿀꺽 삼키고 마음 한번 달리 먹었다면 손쉽게 편한 길을 걸을 수도 있었다.

하지만 나는 그러지 못하는 천성을 갖고 있다. 융통성도 없고 세파에 휩쓸리는 것도 싫어한다. 특정 패거리에 끼어드는 대신 오히려 정권 초기의 서슬 퍼런 권력에 대항해 쓴소리를 마다치 않았다. 내가 청춘을 바친 검찰이 추하게 망가져가는 꼴을 두고 볼 수 없었기 때문이었다. 무도한 검찰주의자에게 조국 법무부 장관이 멸문지화를 당하는 모습을 똑똑히 보았기에 내 나름의 용기와 결심이 필요했다.

2023년 1월 17일 KBS 1라디오 〈최영일의 시사본부〉에 출연했다. 이 인터뷰에서 포문을 열었다. 윤석열 정부가 출범한 지 겨우 8개월 지나고 있었다. 이날 방송에서 나는 작심하고 윤석열 정부의 문제점을 지적했다.

내가 겪어본 윤석열은 적잖이 실망스러운 인물이었다. 김진태 강원도지사가 2017년 11월 "검찰 70년 역사상 최악의

239

정치검사는 윤석열"이라고 언급한 것도 무리는 아니라는 생각이 들었다. 검찰총장의 직위에 있던 사람이 곧바로 대선에 출마한다면 그동안의 행적이 무엇을 위한 것이었는지 의심받을 수밖에 없다. 국민이 맡긴 직위를 이용하여 선거운동을 한 셈이다.

그를 따르며 일종의 카르텔을 형성하던 정치검사들이 마침내 정부 요직을 차지한 것은 이미 알려진 사실이다. 누가 어떤 자리에 앉아 있는지는 굳이 언급할 필요도 없을 듯하다. 평생 수사만 해오던 자들에게 각 부처에 필수적인 전문성을 갖추었는지를 묻기에는 그들의 오만방자한 모습이 초라하고 안쓰럽다. 이른바 '윤석열 사단'의 행태가 전두환의 '하나회'와 무엇이 다른지 나는 지금도 알지 못한다.

진행자인 최영일 씨가 물었다. "현직 대통령과 각을 세운다는 게 결코 쉽지 않을 텐데……." 윤석열 정권에 대한 나의 거침없는 비판에 당황한 눈치였다. 괜찮을 리가 있나. 나는 그들이 걸어온 갖가지 소송과 어이없는 징계들로 끝없이 시달리고 있다. 굳이 죄를 묻는다면 내게는 정치검사가 되기를 거부한 죄가 있다.

나는 윤석열 전 총장이 시민의 공복이 갖춰야 할 정치적 중립이라는 가치를 헌신짝처럼 버리고 친정인 검찰을 팔아먹었다고 생각한다. 겨우 명맥을 유지하던 검찰의 명예를 추락시킨 대가로 권력을 잡은 셈이다. 권위주의 정부에서는 권력자의 사냥개 노릇을 한다고 비난받던 검찰이 이제는 스스로 권력이 되어버리지 않았나. 검찰개혁은 실패했다. 그 증거가 대통령 윤석열이다.

밀봉된 인사안과 왕따 검찰국장

2019년 7월 24일 윤석열이 검찰총장으로 취임한 후 곧바로 이어진 검사장급 인사에서 나는 법무부 검찰국장에 임명되었다. 나중에 알게 된 사실이지만, 조만간 있을 인사이동에 대비해 사전에 이미 각본이 짜여 있었다. 검사장급은 물론이고 나와 근무할 검찰국 과장, 그리고 서울중앙지검 차장 이하 직급의 검사들이 그 대상이었다. 이러한 인사안은 전임 검찰국장 윤대진이 윤석열 총장과 함께 만들어놓은 것이었다.

그 당시 나는 아직 대검 반부패·강력부장으로 근무하고 있었으므로 이런 어이없는 상황을 사전에 눈치채지 못했다. 내가 검찰국장으로 임명받고 업무를 개시했을 때는 이미 윤대진이 그 인사안으로 장관의 재가까지 받아 밀봉해두고 수원지검으로 가버린 뒤였다. 실무자였던 당시 검찰과장은 직속 상관이 된 나에게도 밀봉된 인사안을 보여주지 않았다. 나는 이미 '왕따'가 되어 있었다.

보통 검찰 인사는 검사장급이 먼저 정해진다. 그 뒤에 신임 검찰국장이 자신과 함께 근무할 검찰국의 주요 과장을 인선하고, 서울중앙지검 차장과 부장 등 일선 고검검사급을 배치하는 순서로 시간 간격을 두고 인사 과정을 밟는다. 그런데 장관 교체의 과도기를 틈타 이러한 원칙을 훼손했던 것이다. 이제 와서 재론하기는 곤혹스럽지만, 그들이 법무부의 통상적인 검찰 인사 시스템을 무력화시키며 인사 내용을 밀봉해버린 행위는 사전에 모종의 의도를 품고 저지른 사건으로 의심받기에 충분하다.

윤석열이 검찰총장으로 취임했을 무렵 박상기 전 법무부 장관은 교체를 앞두고 있었다. 청와대 참모진과 윤 전 총장 사이에 주고받은 인사안이 그대로 대통령의 재가를 받게 된 것은 당시 청와대 민정수석이었던 조국 전 법무부 장관이 윤대진 검찰국장을 지나치게 '믿고 맡긴' 탓이 아닐까. 그것이 오늘날 자신에게 멸문지화를 안겨준 단초였다는 것을 그때는 미처 몰랐던 것이다.

윤대진은 그 당시 최소한 이른바 '윤석열 사단'을 이끄는 핵심 멤버였다고 확신한다. 그는 대검은 물론 서울중앙지검 차장까지 윤 사단 패거리들로 요직을 채우는 인사안을 만들었는데, 심지어 공안 보직에도 특수부 후배를 보임해 윤 사단의 약진을 이끌었다고 생각한다. 한마디로 표현하면 법무부와 검찰이 이른바 '윤석열 사단'에 포획된 것이었다.

훗날 문재인 대통령은 조국 장관 사퇴를 두고 "조국 법무부 장관과 윤석열 검찰총장의 환상적인 조합에 의한 검찰개혁이 꿈같은 희망이 되고 말았다"라고 했다. 문 대통령의 개탄은 검찰 내부에 카르텔을 형성하고 패거리 문화를 조장한 윤석열 사단의 파행적 행태에 대한 비판과 맥을 같이한다.

나는 차장 이하 검사들의 인사 내용을 전혀 모르는 상태로 법무부 검찰국장으로 발령이 났다. 그런 내게 자신의 새로운 근무지를 묻는 대검 과장이나 검사들이 많았다. 그때마다 윤 총장의 방문을 두드려야 했다. 나는 그저 누가 어디로 가는지 물어보았고, 총장이 알려주는 대로 전달할 수밖에 없었다.

법무부 검찰국장이라는 자리는 좋은 보직으로 회자되곤 한다. 검찰의 인사와 예산을 담당하는 등 힘 있는 곳으로 알려져 있다. 하지만 내게 검찰국장이 어떤 자리인지 묻는다면

'오거리에 서서 이 사람 저 사람이 치고 지나가는 느낌이 든다'고 대답할 것이다.

검찰국장은 법무부 외청인 검찰을 살피고 검사들의 불만이나 요구를 들어줘야 한다. 특히 국회 법사위가 열리면 혼이 빠지게 바빠진다. 국회로 장관을 수행하고 답변을 준비해야하기 때문이다. 국회가 열리지 않더라도 법사위원들이 요청하면 법무부와 검찰의 예산안 및 각종 법안을 설명하느라 거의 대부분의 시간을 보낸다. 국회의원들의 요구 사항이 실무자인 검찰국장의 어깨에 다반사로 얹히다 보니 자칫 동네북 꼴이 되기 십상이다.

2019년 말쯤에도 국회에서 법무부 예산을 심사하던 중 특수활동비가 논란거리로 떠올랐다. 특활비를 삭감하고 수사상 필요하면 현금이 아닌 카드를 사용해야 한다는 주장이 대세였다. 이른바 특경비(특정업무경비)로 전환하자는 주장이 힘을 얻고 있었다.

하지만 특활비는 대부분 대검찰청에서 사용하므로 장관의 몫은 많지 않다. 나는 우선 대검을 설득해야 했다. 그런데 어떤 야당 의원이 예산심사 과정에서 검찰이 제출하기로 한 변론자료를 빨리 제출하지 않으면 예산을 깎겠다고 으름장을 놓았다. 제출을 약속했던 대검이 태도를 바꿔 자료 제출에 반대하는 상황이 벌어졌다. 나는 늦은 밤까지 예산심사장에 머물면서 야당의 요구를 들어주자고 검찰에 제안했다. 처음에는 수긍할 듯했던 대검 지휘부가 그 뒤로는 아예 전화조차 받지 않았다. 할 수 없이 해당 의원에게 통사정을 하고 시간을 벌었다. 늦은 밤이 되어서야 대검 간부와 가까스로 통화가 되었는데, 상황을 설명하면서 대책을 의논하려는 내게 대뜸 "그깟 예산 안 받으면 되지. 주지 말라고 하세요"라며 전화를 끊어버렸다. '검사들은 매우 오만하다'는 세간의 평가를 곱씹게 하는 밤이었다.

예산심사가 끝난 후 상임위원들의 권유로 국회 옆 주점으로 자리를 옮겼고, 나는 원치 않았던 술자리에서 허허롭고 고달픈 하루를 달랬다. 집에 돌아와 보니 새벽 5시였다. 모질지도 못한 나에게 검찰국장은 그냥 그런 자리였다.

그것은 쿠데타였다

내가 지켜본 조국의 진심

2019년 8월 9일 조국 전 민정수석이 법무부 장관 후보자로 지명되었다. 그때 그는 서해맹산(誓海盟山)의 자세로 공정한 법질서 확립, 검찰개혁, 법무부 혁신의 소명을 완수하겠다는 의지를 표명했다.

검찰은 8월 27일 조국 장관 후보자와 관련하여 20여 곳에 압수수색을 벌였다. 이날 아침 8시 55분 나는 대검 반부패·강력부로부터 조국 후보자에 대한 압수수색을 시작한다는 전화를 받았다. 보고라기보다는 일방적 통보에 가까웠다. 나는 왜 장관 후보자에 대해 압수수색을 하는지 물었다. '객관적 자료

확보 차원'이라는 답이 돌아왔다. 그러면 수사는 언제까지 한다는 것이냐, 객관적인 자료를 수집해둔다는 것이면 취임 전에 마쳐야 되지 않느냐고 되물었지만, 명쾌한 대답을 듣지 못했다. 우선 국무회의에 참석 중인 박상기 법무부 장관에게 먼저 보고하는 게 순서라는 생각이 들었다. 나는 상황을 제대로 정리하지도 못한 채 아는 대로 급하게 전화보고를 했다.

그날 오후 박상기 장관이 나를 호출했다. 윤석열 검찰총장을 만나기로 했는데 그 자리에서 무엇을 거론하면 좋을지 조언을 구했다. 박 장관도 자신의 후임자가 압수수색 대상이 되는 상황에 매우 긴장한 모습이었다. 나는 "검찰의 피의사실 공표 행위에 대해 엄중 경고하십시오. 노무현의 '논두렁시계 사건'이 되풀이되도록 놔두시면 안 됩니다"라고 말했다. 냉철하고, 증거 위주로 하되 정치적 악용은 없어야 한다는 원론 밖에 달리 할 말이 생각나지 않아서였다. 동시에 나는 필수적인 건의 사항 하나를 덧붙였다. 이 문제에 관하여 앞으로는 장관이 검찰총장에게 직접 지시하겠으니 총장도 신속히 보고해달라고 요청하라는 것이었다.

연세대 교수였던 박상기 장관은 같은 학교 교수였던 윤 총장의 아버지를 언급하며 자연스럽게 대화를 풀어갈 수 있겠다고 했다. 그런데 검찰총장을 만나고 온 박 장관의 말을 빌

그것은 쿠데타였다

리자면 이렇다. "윤 총장이 그러는데, 사모펀드 관련된 수사를 많이 해봐서 잘 안다더라. 사모펀드는 사기꾼이나 하는 것인데 어떻게 민정수석이 그런 걸 할 수 있느냐고 열을 올리며 오히려 장관인 나를 설득하더라." 그렇지만 그 후 조국 장관에 대한 사모펀드 의혹은 대부분 실체가 없는 것으로 확인되었다.

윤 총장이 박 장관에게 사모펀드 이야기를 꺼내든 것은 여론을 움직여 수사의 명분을 삼아보려는 악의적 의도였다는 의심이 든다. 피의자의 혐의사실에 돈을 엮어 넣으면 공직자의 모양새를 손쉽게 망가뜨리는 효과가 있으니까.

나는 조국 수사에 대해서 어떤 조짐도 느끼지 못했다. 압수수색 등 본격적으로 수사가 개시될 당시에도 법무부에는 보고가 되지 않았고, 검찰국장인 나 역시 관련 정보로부터 철저하게 소외되어 있었다. 검찰에서 대대적인 압수수색을 하는 당일에서야 보고를 받고 장관실에 알렸을 정도였다.

요즘에도 나는 "윤석열이 왜 그토록 잔인하게 조국을 쳤을까요?"라는 질문을 자주 받는다. 수사를 하는 사람들이 입에 달고 있는 말이 있다. "범죄가 있으니까 수사를 한다." 이른바 '조국 수사'가 개시될 당시만 해도, 권력형 부패비리 사건을 수사하듯 대대적으로 수사팀을 꾸리고 배우자, 딸, 아들의 입시비리 의혹까지 총망라하여 찔러댈 것이라고는 나 역시 예상하지 못했다. 윤 전 총장도 말로는 사심 없이 했다지만, 인사청문회 당일 실제로 조 전 장관의 부인 정경심 교수에 대한 동양대 표창장 공소장은 급조된 흔적이 역력했고 허술하기 짝이 없었다. 조 전 장관 인사청문회 당일 당시 야당 의원들의 질의가 이어졌다.

"만일 장관의 배우자가 기소되면 후보직에서 사퇴할 용의가 있습니까?"

정경심 교수가 기소될 것을 그들은 이미 알고 있었던 듯했다. 얼마 전까지만 해도 윤석열 총장 임명에 그토록 반대하던 야당 의원들이 어느새 입장을 바꿔 그와 한통속이 되었다는 의심이 들 법한 대목이다. 돌이켜보면 윤석열은 그때 이미 검찰개혁을 바라는 국민들의 열망에 저항하기 시작했고 문재인 정권을 향해 시쳇말로 '기선제압용 선빵'을 날렸다는 생각이 든다.

윤석열 검찰총장이 취임사에서 한 말이 떠오른다.

"수사를 개시할 공익적 필요가 있는지, 기본권 침해의 수인한계는 어디까지인지, 어느 지점에서 수사를 멈춰야 하는지 헌법정신에 비추어 깊이 고민해야 합니다. 법절차에 따른 수사라고 하여 국민의 자유가 무제한으로 희생되어야 하는 것은 아닙니다. 헌법에 따른 비례와 균형을 찾아야 합니다."

과연 그가 헌법에 따른 비례와 균형을 찾은 수사를 했다고 자평할까. 나는 실소를 금할 수 없다.

2019년 9월 2일 나의 업무일지에는 이렇게 적혀 있다.

> 조국 후보자 인사청문회 이전에 압수수색을 집행한 검찰이 주말에도 쉼 없이 수사에 열을 올린다는 보도가 나온다. 경위야 어찌되었든 검찰이 과거에 대한민국을 좌지우지했다는 비판에서 개혁이 시작되었다. 정당성을 제대로 갖추지 못한 채 거칠게만 몰아대는 수사, 그 이후가 걱정된다. 정말 어찌해야 할까!

이날 오후부터 다음 날 새벽 1시까지 조국 후보자는 국회에서 기자설명회를 가졌다. 그리고 9월 9일 장관으로 취임했다. 나는 그를 전혀 모르고 있다가 장관으로 지명된 후 업무보고 자리에서 처음 만났다. 꼼꼼한 서생일 거라는 예상과 차이가 있었다. 그는 스스럼없이 사람을 대했고 업무보고에 대한 반응도 시원시원했다. 일처리에 비교적 선 굵은 스타일을 유지했고 디테일한 부분은 아랫사람에게 맡겨주는 편이었다. 청와대 보고 등의 일정 때문에 더러 외식도 했으나 퇴임하는 날까지 주로 사무실에서 도시락으로 점심을 때우곤 했다. 시간을 쪼개 쓸 목적이었다.

조 장관은 취임한 첫날부터 '검찰제도 개선 추진단'을 발족하고 당·정·청 합동회의를 여는 등 바쁜 일정을 보냈다. 이튿날 나는 대검에 윤 총장이 조국 수사를 지휘하지 않도록 하는 이른바 '수사팀 분리론'을 주장했고, 이는 언론에 크게 보도되었다. 특임검사처럼 총장의 지휘를 받지 않는 수사팀을 만들어 장관 후보자의 의혹을 해소하는 것이 바람직하다는 취지에서 나온 고언이었다.

이유는 간단했다. 조국 수사는 그가 법무부 장관 후보자로 지명된 이후에 본격적으로 개시되었는데, 만일 그가 장관에 취임한다면 윤석열 검찰총장은 그의 지휘를 받게 된다. 총장이 장관 후보자에 대한 수사를 밀어붙이고 있는데, 정작 그 수사대상자에게 지휘를 받아야 하는 사상 초유의 상황이 발생하는 것이다. 검찰과 법무부와의 관계가 불편해질 것이고 검찰조직을 위해서도 결코 바람직한 모습이 아니었다.

그러나 윤석열 총장은 곧바로 이를 거부했다. 그 무렵 특정 방송에 이 문제가 대대적으로 보도되는 바람에 며칠간 나는 기자들 앞에서 설명을 반복해야 했다. 국회에서도 법무부 차관과 검찰국장인 나를 출석시켜 경위를 따지자는 주장이 빗

그것은 쿠데타였다

발쳤다.

2019년 9월 18일 아침 국회에서 당정협의가 열렸고 피의사실공표, 수사권 조정, 공수처 설치 추진, 형사·공판부 강화 등 검찰개혁 방안에 대한 논의가 이어졌다. 조국 장관은 "국민이 체감할 수 있는 분야별 정책을 신속히 모아서 설명드리겠다. 국민이 수긍하는 정책을 만들겠다"라고 약속했다.

9월 20일에는 의정부지검, 9월 28일에는 천안지청을 방문해서 '검사와의 대화' 시간을 가졌는데, 나는 시종일관 조 장관과 함께했다. 검사들과 대화를 마친 조 장관은 "매우 신선했다. 관념적으로만 짐작하던 검사들의 세계나 생각을 많이 알게 되었다"라고 진지하게 말했다. 조 장관이 '검사와의 대화'에 나선 것을 두고 안팎의 비판이 있었지만, 내가 검찰국장으로 그를 수행하면서 받은 느낌은 검사나 수사관들의 마음을 이해하려고 애쓴다는 점이었다. 그의 태도에 진심이 묻어 있었다.

조국 장관은 개혁의지를 꺾지 않고 더욱 속도를 붙였다. 지금 생각해보니 퇴임을 염두에 둔 것이 아니었나 싶다. 그는 자신에게 남은 시간이 길지 않다는 것을 직감했는지 특수부 폐지(형사·공판부 강화) 등 직제개편, 형사사건 공개금지 등에 관한 규정 개정(피의사실공표 금지, 포토라인 금지 등), 인권보호

수사규칙 개정(심야조사 금지 등) 같은 개혁과제를 연달아 발표하고 추진했다. 향후 신속과제, 연내 추진과제 등 내게도 정신을 차릴 수 없을 정도로 일이 밀려들었다. 나는 주말에도 출근해서 대검과의 협의, 당·정·청 협의 등 각종 업무에 시간을 쏟았다.

2019년 10월 14일 장관실 옆 회의실에서 도시락 점심을 겸한 간부회의가 열렸다. 12시 40분이 되자 점심식사를 마친 조 장관이 긴히 할 말이 있다고 했다. 나는 다음 날 국회 법사위에서 진행될 국감에 비장한 각오로 대비하라는 주문을 할 것으로 짐작했다. 그때도 여전히 조국 장관 수사에 대한 언론의 관심과 비판이 엄청났으니 그런 예상은 자연스러웠다. 그런데 그가 느닷없이 장관직 사퇴를 선언했다. 일순간 회의장이 조용해졌다. 한동안 서로 얼굴만 쳐다보았다. 무겁게 흐르는 정적을 깬 사람도 장관이었다.

"검찰개혁의 불쏘시개로 남겠다."

그날 오후 3시 20분경 그는 법무부를 떠났다. 사퇴가 언급된 회의장에서 내가 덧붙일 언어는 없었다. 다만 나는 그날 업무일지에 이렇게 적었다.

"苦生하셨습니다. 정말로요!!"

다음 날인 10월 15일 나는 국회 법사위에서 차관과 함께

그것은 쿠데타였다

국정감사를 받았다. 맥 빠지는 국감도 끝이 났다.

10월 16일 법무부 차관과 함께 문재인 대통령의 부름을 받아 오후 4시부터 한 시간 동안 검찰개혁 과제를 보고했다. 대통령은 흔들림 없는 검찰개혁을 언급하는 동시에 조 장관이 사퇴 직전에 발표한 개혁방안을 실행할 것을 주문했다. 법무부와 검찰의 위상을 바로 세우되 제도개혁에 집중하고 강력한 자체 감찰 방안을 마련하라는 것이었다. 그와 더불어 대통령은 검찰조직 문화 개선을 특별히 강조했다. 회의 끝부분에 들은 대통령의 말씀이 아직도 귓전에 맴돈다.

"맘이 쓰인다."

대통령을 도우려고 나선 조 장관의 환란에 처한 상황을 두고 한 말일 것이다. 그 후 12월 23일 서울동부지검은 조국 전 법무부 장관에 대해 직권남용으로 구속영장을 청구했다. 12월 26일 '구속 전 심문'에서 영장이 기각되었다. 예상했던 기각이었다. 나의 오랜 수사경험에 비추어볼 때 그에 대한 직권남용 혐의는 애초에 성립될 수 없다고 봤기 때문이다.

돌이켜보면 조국 전 장관이 "인권보호수사규칙 개정, 특수부 등 검찰조직 개편" 등 법무·검찰의 개혁방안을 추진하고자 하면, 대검은 적극적으로 반대의견을 개진했다. 각각의 사안마다 부딪치는 일이 참 많았다. 개혁방안을 추진하는 법무부 실무 담당자에게는 과거 을사오적에 빗댄 이른바 '법무 오적'이라는 닉네임을 붙여 공격하기도 했다. 법무부에서 근무하던 검사들은 곧 친정인 검찰로 복귀해야 해서 그런지 몹시 힘들어했다. 개혁의 길에 앞장선 내게 하소연을 하기도 했다. 어떤 검사는 우리 집까지 찾아왔다. 늦은 밤에도 휴대폰이 진저리를 쳤다. 아침에 일어나면 모르는 번호로 문자가 와 있었다. "그런 거 시도하지도 마십시오."

윤 총장이 이끄는 검찰을 설득하여 검찰개혁에 참여하게 만드는 것은 지난(至難)한 과정이었다. 그때마다 나는 장관의 참모로서 "방향이 맞으면 함께 가자"라고 반복해서 검사들을 설득했다.

이제 국민의 한 사람으로서 묻는다. 개혁의 방향이 틀렸다는 것인가. 그 뒤로도 조국 장관과 그의 가족에 대한 검찰 기득권자들의 공격은 계속되고 있다.

그것은 쿠데타였다

의연하고 따뜻한 원칙주의자 추미애

조국 장관이 사퇴한 뒤 2019년 12월 5일 후임 법무부 장관으로 추미애 전 민주당 대표가 지명되었다. 다른 장관 후보자와 달리 추미애 후보자는 청문회 준비 장소를 서울남부보호관찰소에 마련했다. 검찰국 업무보고 자리에서 그를 처음 만났다. 첫인상은 온화하고 부드러웠다. 그러나 업무에 대해서는 자세하고도 깐깐하게 물었고, 짧지 않은 시간이었음에도 집중해서 내 보고를 경청했다.

같은 달 30일 국회에서 인사청문회가 열렸다. 수많은 카메라와 기자들이 지켜보는 사뭇 긴장되는 분위기였다. 추 후보자는 의원들과의 질의응답에 앞서 의자에 앉더니 스카프로 자신의 두 다리를 묶었다. 나도 처음 보는 모습이라 슬그머니 이유를 물어보니 그렇게 해야 자세가 바르게 된단다. 노무현 대통령 탄핵 사건 뒤에 감행한 삼보일배 이후로 다리와 허리가 아파서 그렇게 해야 허리를 꼿꼿이 세울 수 있다고 했다. 온 국민이 청문회를 보고 있으니 공복(公僕)으로서 그렇게 해서라도 자세를 바르게 하겠다는 것이었다. 내 귀에는 몸보다 정신자세를 강조하는 뜻으로 들렸다. 내게도 귀감이 될 만한 강단이었다.

청문회를 마칠 무렵이었다. 법사위 소속 국회의원이 후보자 뒤쪽에 앉아 있던 내게 손짓을 했다. 그가 대뜸 "모시기 힘들 것"이라며 추 장관이 당대표를 하던 시절에 자기가 겪은 이야기를 장황하게 늘어놓았다. "저분은 자기 주관이 강하고 건의도 잘 들어주지 않는데 법무부 장관에 취임하면 검찰국장으로서 어떻게 모실 겁니까?" 후보자의 성품을 대략 파악해둔 나는 머릿속에서 그런 걱정을 이미 지운 상태였다. 장관의 참모로서 맡은 바 소임을 다하면 된다는 지극히 당연한 대꾸를 해주고 그 자리를 빠져나왔다.

2020년 1월 3일 추미애 장관은 줄탁동시(啐啄同時)◆를 강조하는 취임사로 힘차게 발동을 걸었다. 첫 업무는 검찰 인사였다. 이럴 경우 검찰국장은 보통 인사를 어떤 폭으로 할 것인지, 대상자는 어떤 조건으로 할 것인지, 전진인사인지 혹은 수평인사인지 등을 기재한 이른바 '구도'라는 것을 작성하여 보고한다. 말하자면 인사계획안이다.

추 장관은 정치에 오래 몸담았던 분답게 인권, 민생, 법치의 대원칙을 제시했다. 큰 틀에 맞추되 구체적으로는 당시에 의제로 떠오른 형사·공판부 강화나 경향교류(京鄕交流), 균형 있는 인사를 강조했다. 또한 검찰 수사에 대해서는 언제나 국민 입장에서 생각하고 '법무부가 제대로 작동되니까 든든하다'는 분위기가 조성되어야 한다고 힘주어 말했다.

추미애 장관이 취임한 며칠 뒤, 나는 법무부를 떠나 서울중앙지검장이라는 책임을 맡았다. 법무부에서는 잠깐의 인연이었지만 검찰국장으로 일했던 마지막 며칠 동안 그에게서 매우 신선한 느낌을 받았다. 국회의원을 오래했음에도 권위적인 사람들과는 딴판이었다. 기품의 결이 달라도 한참 달랐다. 추 장관은 행정, 법조, 정치 등에서 두루 쌓아온 경력자답게 사고의 폭이 넓었다. 매일 보고를 받을 때마다 귀를 크게 열

◆ 병아리가 알에서 깨어나기 위해서는 어미 닭이 밖에서 쪼고 병아리가 안에서 쪼며 서로 도와야 일이 순조롭게 완성된다는 뜻이다. 이는 내부의 역량과 외부적 환경의 조화를 의미한다.

어주었고 내가 미처 생각하지 못한 부분까지 고려하여 의견을 주던 모습이 아직도 생생하다.

"흔히들 '추다르크'라고 부르던데, 억세고 모시기 힘들죠?" 내가 만난 사람들은 추 장관에 대해 물으며 세간의 평가를 슬그머니 끼워 넣는다. 정말 그럴까? 잔다르크처럼 추진력이 강하고 흔들림 없다는 점에서는 나도 동의한다. 하지만 업무 스타일이 그렇다는 것이다. 내 눈에 비친 추 장관은 원칙주의자일 뿐 특별하지 않았다. 굳이 특별하다면 주변 상황에 따라 흔들리는 이른바 갈대 같은 족속들과는 많이 달랐다. 함께 일한 기간은 짧았지만 내가 받은 느낌으로 그는 분명 따뜻한 마음의 소유자였다. 꽃으로 비유하자면 제주도에서 자생하는 금잔옥대 같았다. 금잔옥대는 옥받침에 금잔을 올려놓은 듯 고아(高雅)하다는 뜻으로 수선화에 붙인 이명인데 추사 김정희가 사랑한 꽃이다. 그가 제주도에서 8년 유배생활을 하는 동안 거친 바닷바람에 꿋꿋이 버티는 그 꽃을 보면서 큰 위안을 받았다고 전해진다. 나는 추 장관의 모습에서 금잔옥대와 같이 풍설에 흔들리지 않는 의연함을 보았다.

특히 함께 식사를 할 때면 항상 먼저 챙겨준다. 찌개나 샐러드가 통에 담겨 나오면 으레 손수 나눔접시에 담아서 다른 사람에게 먼저 주고 맨 나중에 당신의 접시를 챙긴다. 추 장

그것은 쿠데타였다

관에게서 강인함부터 떠올린다는 사람들에게 나는 내가 느낀
이런 인간적인 면을 알려주곤 한다.

검사의 아내

검사도 여느 직장인과 다르지 않다. 이합집산은 필연이고, 사직도 다반사다.

내가 30년간 검찰생활을 하면서 보아온 수많은 직원들이 사직을 했지만 C 검사가 기억에 가장 짙게 남는다. 그는 업무능력은 물론 인품이나 사회성 등 어느 하나 부족하지 않았고, 윗분들이나 후배들도 그를 좋아했다. 그래서 그의 사직 소식은 내게 적잖은 충격이었다. 나 같은 사람도 검찰에 남아 있는데 그런 분이 사직을 하다니…….

나는 그 이유가 몹시 궁금해 그를 직접 찾아갔다. 그러면서도 막연히 '자신이 원하는 인사를 받지 못해서 사표를 냈겠지'라는 생각도 들어서 어떤 말로 위로할까 궁리를 했다. 하지만 막상 대면을 하고 보니 소문과 다른 부분이 적지 않았다. 사직원 제출은 인사발표가 나기 훨씬 전이었다고 그가 말문을 열었다.

그는 23년 동안 서울과 지방을 오가는 건 물론이고 평소에도 낮에는 사무실에 몸이 묶이고, 밤에는 선배들 모시는 회식자리와 후배들을 격려하는 술자리로 인해 집에 들어갈 시간이 없었다. 주말까지도 선후배와 등산을 하거나 친목행사에 참여하느라 도저히 아내와 함께할 수 없었다. 그런데 인사검증과 관련해 어떤 서류를 제출해야 하는데 아내의 협조가 필요했다. 그 당시 아이들 유학 때문에 외국에 머물던 아내에게 수차례 독촉을 해도 묵묵부답이었다. 그는 며칠을 기다리다 마침내 아내에게서 이런 문자를 받았다. "나는 당신이 높이 되는 것도 싫고, 돈을 많이 버는 것도 싫고……." 충격이었다. 곧바로 옥상에 올라가 담배 한 대를 피우면서 기지개를 켜고 이내 결심을 했단다. 나는 그 이야기를 듣고 정말 부럽고 또 부끄러웠다. 그 과감하고 신속한 결단력과 아내를 향한 사랑까지.

집에 돌아와 그에게서 들은 이야기를 아내에게 들려주었

다. 아내는 고개를 끄덕이며 공감을 나타내더니 오히려 나더러 인생을 더 배워 오라고 핀잔을 주었다. 그러면서 "부부가 젊은 시절에 함께한 추억이 많아야 나이 들어서도 더불어 행복해질 수 있다"라고 했다. 은근히 겁이 났다. 주말에 집에 머물며 사진첩을 찾아보니 아내와 찍은 사진이 거의 없었다. 대부분의 사진 속에서 아이들은 엄마, 이모, 외할머니와 웃고 있었다. 아뿔싸, 이를 어쩌나. 내가 초임 후에 저 나름 '이 나라에 충성'한답시고 서울, 충주, 군산, 전주, 광주, 목포 등지를 전전하는 동안 아내 혼자서 어떻게 가정을 꾸리고 아이들을 길러냈을까.

아내는 내가 초임 검사로 근무하던 시절에 받은 수술 후유증으로 10년 넘게 앓았다. 갑자기 죽을 것 같은 고통에 이르거나 또는 그런 두려움으로 입원하기를 반복했다. 아내는 직장 때문에 나를 따라 지방으로 내려올 수도 없는 처지였다. 그래서 심야에 일이 터지면 내가 택시를 잡아타고 상경하곤 했다. 병원치료비도 오롯이 아내의 몫이었다. 지금까지 그렇게 아내는 자신의 고통을 홀로 견뎌내며 두 아이를 키웠다.

그런데 남편이라는 자가 생활비라도 충분히 주기는커녕, 수사를 한답시고 대출을 받아 쓰는 바람에 수천만 원을 대신 갚아주기도 했다. 우리 집안의 형제나 처가의 동기들도 종종 우리 부부에게 손을 벌렸고, 시아버지의 입원비와 요양치료비까지도 모두 아내가 감당했다.

그러고 보니 30년이 넘는 결혼생활 동안 아내에게 뭐 하나 제대로 해준 게 없었다. 마침내 나는 아내에게 자수하는 심정으로 선언하듯 말했다. "은퇴하면 집을 나갈게." 아내는 "지금부터라도 잘해볼 생각을 해야지, 어째서 나갈 궁리부터 해요?"라며 눈을 희게 돌렸다.

무죄를 받았는데도 징계를 하겠다니

2022년 5월 나는 법무연수원 연구위원으로 발령을 받았다. 이종근, 심재철, 이정현, 신성식, 고경순 등 다섯 명의 검사장과 함께 법무연수원 연구위원으로 가게 된 것이다. 첫날 어떤 검사장에게서 문자를 받았다. "하늘이 기가 막히게 맑고 파랗습니다. 근무하기 엄청 좋아요." 그 나름의 위로였다.

나는 일단 서울중앙지방법원에서 받고 있는 재판에 집중할 수밖에 없었다. 변호인이 있지만 나 또한 최선을 다해 증인신문을 하고 법리와 사실에 입각한 주장을 했다. 내 평생 수많은 기소를 해봤지만, 특정 행위를 '하지 않았다'는 입증을 하기가 이렇게 어려운 줄 몰랐다. 헌법에 무죄를 추정하도록 규정해둔 이유를 충분히 이해할 수 있었다.

1년 6개월이 걸린 1심 재판을 마쳤다. 주말이면 아무도 없는 법무연수원에 혼자 남아 기록을 보고 의견서를 쓰던 기억이 새롭다. 그 과정에서 눈이 고장나는 바람에 대형병원에서 세 차례나 수술을 받았다. 수술 후 눈을 가려야 하는데도 붕대만 벗고 눈앞이 흐릿한 채 재판정에 나가기도 했다.

법정에서 검사들의 공소유지 주장과 증언들을 온종일 듣고 있자면 만감이 교차한다. 처음에는 이치에 어긋나는 증언이나 주장을 들을 때마다 가슴속에서 불이 붙듯 울화통이 치밀었지만, 해를 넘기다 보니 그들이 안쓰럽게 느껴지고 내 마음도 조금은 차분해졌다. 그렇지 않으면 모욕감, 울화, 분노로 견딜 수 없었을 것이다.

진실은 반드시 드러나게 마련이다. 수락석출(水落石出)이니 물이 빠지면 돌은 반드시 드러나지 않겠는가. 진실이 드러날 것이라는 확신으로 버틸 수 있었다. 수석침류(漱石枕流)식의 황당한 공소장을 두고 '그게 아니다'라고 주장하기가 참으로 힘든 일이라는 걸 실감한다. 평생 법을 다룬 나도 이런데 일반인들이 이런 함정에 빠지면 얼마나 기가 막히고 무력해질까.

내가 법무연수원으로 근무지를 옮긴 2022년 5월은 김학의 출국 관련 직권남용 재판이 진행 중이었으므로 나는 1년간 사용할 연가의 대부분을 재판정 출석에 소모했다. 재판받는 일은 개인 사정으로 취급되는지라 공가(公暇)를 쓸 수 없다는 게 속상했지만 허탈함도 내 몫이었다.

그렇게 재판을 받던 중에 '윤석열 전 총장 징계 관련 채널A 사건 수사기록을 내가 법무부에 제출한 행위'를 서울중앙지검에서 수사하겠다는 통지를 받았다. 나는 또다시 수사에 대비해야 했다. 수사와 재판 준비 때문에 주말에도 서울 집에 가지 못하고 진천 법무연수원에 홀로 남는 날이 많아졌다.

또다시 앞이 보이지 않았다. 온종일 컴퓨터 화면을 주시하며 눈을 무리하게 사용한 것이 원인이 된 모양이었다. 결국 서울로 올라가 재수술을 받았다. 그런 몸으로 재판정에 나가는 일은 녹록지 않았다. 게다가 채널A 사건 기록 제출 건으로 수사를 한다면서 나에게 서초동 서울중앙지검에 출석하라고 했다. 그곳의 관리책임자로 있었던 나를 굳이 그곳으로 불러낸 저의를 생각해보았다. 내게 과하지욕(跨下之辱)을 강요하는 것이었다. 기가 막혔다. 고위직 검사의 직권남용 혐의는 공수처 소관인데도 검찰이 틀어쥐고 수사 운운하는 것도 어이가 없었다. 나를 무슨 근거로 수사한다는 말인가. '윤 사단'

그것은 쿠데타였다

이 황당한 짓을 감행하는 이유는 빤했다. 오로지 그 알량한 권한으로 나의 자존심을 건드리고 골탕을 먹이려는 것 말고는 달리 해석이 되지 않았다. 이미 한 차례 각하결정이 이뤄진 사건이기 때문에 어차피 법원에 기소를 하더라도 유죄를 받게 하기는 불가능하다는 것을 그들도 모를 리 없다. 그야말로 망신주기였다.

2차 수술을 받고 눈이 어느 정도 회복되자 김학의 사건 재판 결심일이 코앞으로 다가왔다. 다시 재판 준비를 해야 했다. 그런데 채널A 사건 기록 제출 건으로 담당 검사가 계속 출석을 재촉했다. 도대체 왜 이렇게 서두르느냐고 물었더니 "너무 오래 끌어서"라는 답이 돌아왔다. 나는 우선 김학의 사건 재판이 제일 중요하니 결심 후에 나가겠다고 통보하고 1심 결심재판까지 마쳤다. 그리고 2022년 12월 17일 서울중앙지검에 출석했다. 예상대로 서초동 검찰청 입구에는 기자들이 몰려 있었다. 그들의 언론플레이가 시작된 것이다.

2023년 2월 15일 오후 3시 김학의 사건 재판에서 내게 무죄가 선고되었다. 나보다 앞서 차규근, 이광철도 같은 재판부에서 역시 무죄를 받았다. 1년 6개월간 진행된 재판결과는 그렇게 예상대로였다. 허탈했다. 더구나 이 사건의 재판 과정에서 주범으로 보이는 윤대진 등은 공수처에서 검찰로 이첩된 후 기소되지 않았고 징계절차에도 들어가지 않았다. 그런데 억지 기소로 이미 무죄가 선고된 나에게 법무부에서 징계를 진행한단다. 확인해보니 그들이 나에게 벌을 주라고 재판부에 제출한 것과 같은 공소장이 징계의 근거였다. 황당했다. 사법부에서는 죄가 없다고 판단했는데 징계를 내리겠다는 것은 그야말로 억지 기소 끝에 억지 징계였다. 그들에게서는 미안함이나 최소한의 염치마저 찾아볼 수 없었다.

2월 말에는 수술한 눈이 또다시 말썽을 부려 3차 수술을 받았다. 회복기간을 지나 출근해보니 봄이 와 있었다. 그리고 2023년 9월 초 서울중앙지검(감찰팀)에서 연락이 왔다. '윤석열 전 총장 징계와 관련된 채널A 사건 기록'을 법무부에 제공한 것을 두고 조사를 하겠다고 했다. 나는 서울중앙지검에 의견서를 제출했다. 공수처에서도 수사 중이라 아직 결과가 나오지도 않았는데 검찰이 수사도 종결되지 않은 상태에서 감찰을 시도하는 것은 절차상 사리에 맞지 않으니 필요하면 공수처와 서울중앙지검의 수사기록을 참고하라는 취지였다.

그 무렵인 9월 6일 조국 전 장관이 《디케의 눈물》(다산북스, 2023)을 출판하고 북콘서트를 열었다. 조국 전 장관은 서울대 교수직에서 파면되어 자연인이 되어 있었다. 초청을 받은 나는 현직 공무원이니 방청객으로 갈 것이고, 검찰개혁에 관한 책이니 한 수 배우러 가겠다고 했다. 조 전 장관도 흔쾌히 동의했다. 지인들에게 나눠 줄 겸 동네 서점에서 책을 몇 권 사서 읽어보았다. 현재 우리나라는 법이 지배(Rule of law)하는 '대한민국'이 아니라 법을 수단으로 지배(Rule by law)하는 '대한검국'이라는 진단이 핵심이었다.

북콘서트 장소에 도착하니 나를 알아보는 사람이 많았다. 시간에 맞춰 들어가니 맨 앞자리가 비어 있었다. 이날 행사의 사회를 본 최강욱 의원이 앞줄에 앉아 있던 나를 알아보고 말을 시켰다. 순간 망설였으나 덕담이라도 해야겠다 싶었다. 서울중앙지검장과 서울고검장까지 한 사람이 말 한마디도 제대로 못한다는 평가를 받기도 좀 그렇다는 생각이 들었다. 잠시 머릿속으로 할 말을 고르다 무대에 올라갔다.

2019년 8월부터 10월까지 법무부에서 장관과 검찰국장으로 맺은 인연을 말하고 나니 그가 취임 때 언급했던 '서해맹산'과 퇴임 때 재론하던 검찰개혁과 이른바 '불쏘시개론'으로 자연스럽게 이어졌다. 그러다 보니 조국 전 장관의 검찰개혁 의지와 윤석열의 무도함이 오버랩되어 윤석열 검찰정권에 대해 말하게 되었다. 책을 읽은 소감과 행사에 나온 목적을 말하고 나니 검찰의 문제점을 언급하게 되었고, 전두환의 '하나회'와 비견되는 '윤석열 사단'의 무도한 수사방법으로 화제가 옮겨 갔다. 나는 김구 선생의 말씀으로 덕담을 마무리했다.

다음 날 언론에서부터 난리가 났다. 재판을 받고 있는 조국, 최강욱과 함께하고 조국 전 장관을 격려하는 덕담을 했으며 무도한 검찰, 전두환의 '하나회'에 비견되는 '윤석열 사단'이라는 표현을 했다는 것 등을 문제 삼았다. 언론은 국가공무원법 위반 등으로 징계해야 한다고 주장했다. 법무부도 징계를 검토한다는 보도가 나왔다.

2023년 9월 말 추석 연휴 직전이었다. 법무부 감찰관으로부터 전화를 받았다. "불편하시겠지만 조국 전 장관 북콘서트 발언 등으로 감찰절차에 들어갔으니 문답서를 내주십시오." 10월 초에 문답서를 제출했다. 조국 전 장관 북콘서트에서 발언한 내용뿐만 아니라 그동안 방송사 등 언론 인터뷰에 출연해 발언한 내용("윤석열이 중2 같다", "그는 최악의 정치검사였다" 등등)을 문제 삼았다.

나는 참을 수가 없었다. 아무리 검찰 내부자라고 하더라도 이 정도 발언조차 하지 못한다면 나라가 어떻게 되겠는가. 표현의 자유를 지키기 위해 검찰 내부에 언로가 열려 있는 풍토가 필요하다는 문답서를 제출했다. 이런 식이면 어떤 검사의 발언도 징계에서 자유로울 수 없기 때문이다. 대통령을 공산

그것은 쿠데타였다

주의자라고 공개적으로 떠들어대도 무죄가 선고되고, 또 전 국민이 생중계로 지켜보고 있는 가운데 고졸 대통령에게 대학 학번을 물어서 면박을 준 검사도 징계를 받았다는 말을 들어보지 못했는데도 말이다.

나는 독일의 언론환경이 부러웠다. 법을 지키는 것이 민주시민의 의무임에는 틀림없지만 국가가 잘못된 길로 들어선다면 그들은 용감하게 "아니오"를 외치도록 학생들에게 교육시킨다. 이러한 교육의 저변에는 뼈아픈 경험이 있다. 나치 정부를 무비판적으로 추종한 결과, 인류사에 씻지 못할 죄악을 저지른 민족이 되지 않았던가. 히틀러의 노선에 반대하면 목숨 보전이 어려울 정도로 전체주의 국가의 망령이 지배한 탓이었다. 우리 사회가 그렇게 흘러가서는 안 될 일이다. 반성할 줄 아는 시민, 언로가 열린 나라에 미래가 보장되는 법이다. 독일연방 방위부(국방부)의 '국방정책 가이드라인'에는 군인도 '제복 입은 시민'으로 규정되어 있다. 상명하복만을 강요당하지 않도록 시민의 언론자유를 보장해주는 것이다. 아닌 것을 아니라고 말하는 사람을 처벌하기 시작하면 그가 속한 집단은 어디로 굴러갈까.

윤석열 법무부는 북콘서트에서의 발언이 검사윤리강령 제14조의 '직무 수행의 공정성을 의심받을 우려가 있는 자와

교류'한 것이고, 제15조의 '자신이 취급하는 사건 관계인과 사적 접촉 금지' 규정을 위반한 것이라고 주장한다.

공개적인 행사장에서 한 덕담이 공정성을 의심받을 우려가 있는 자와의 사적 접촉이므로 검사윤리강령 위반이란다. 황당할 뿐이다. 조국 전 장관이 재판을 받고 있는 것은 맞지만 '한직으로 밀려나 수사에 아무런 영향을 미칠 수도 없는 내 처지'를 감안하면 '공정성을 훼손할 우려가 있는 교류'라는 주장 또한 가당치 않다.

윤석열 전 총장이 서울중앙지검장 시절 임기 내내 조선일보와 방상훈 일가는 수사대상이었는데도 이들이 회동했다는 언론보도가 있었다. 또 다른 사건 관계자인 중앙일보 사주 홍석현과 술자리 유흥을 가진 것도 이미 확인된 사실이다. 그 자리에 무슨 관상가도 동석했다고 한다. 이런 것이 전형적인 검사윤리강령 제14조, 제15조 위반이다. 윤 전 총장 징계 당시, 사건 관계인인 '언론사주와의 만남'은 불문(不問)에 부쳐 징계사유로 인정조차 되지 않았다. 윤석열은 되고, 이성윤은 안 되나? 본질적으로 같은 것을 자의적으로 다르게 취급하는 것이 윤석열식 공정이고 결국 이것이 '내로남불'과 동의어라는 것을 이제는 국민들이 안다. 내 입을 틀어막는다고 해서 치부가 가려질까?

법무부 감찰관에게 문답서를 제출한 후 다시 감찰담당관으로부터 전화를 받았다. 이번에는 '윤석열 징계 관련 채널A 사건 수사기록을 법무부에 제공한 것'을 징계하기 위해 10월 13일 감찰위원회가 열리니 관련해서 할 말이 있으면 의견서를 내라고 했다. 나는 다시 의견서를 쓰고 관련 자료를 첨부해서 한글날 연휴 직후 법무부에 제출했다. 그때까지 위의 수사기록 제출 사건에 대한 검찰의 공식 결정은 '각하, 혐의 없음이 명백'하다는 불기소처분만 있는 상황이었다. 따라서 이미 불기소처분한 사건을 재수사하겠다고 나선 것도 우스운 일이지만, 설령 재수사를 인정한다 해도 아직 수사 진행 중인 사건을 수사결과도 없이 징계한다는 것은 어불성설이다.

이처럼 현재 나에 대한 법무부 징계는 세 건에 이른다. 정리해보자면, 김학의 출금 관련 건, 윤석열 징계 관련 채널A 사건 자료 제출 건, 조국 북콘서트 관련 건이다. 나는 수사와 재판을 포함 드디어 5관왕이 되었다. 그런데 최근에 다시 한 건이 늘어날 모양이다. 2023년 11월 28일 내가 쓴 책《꽃은 무죄다》(아마존의나비, 2023)의 북토크 현장에 주최 측의 초청을 받아 강사로 갔는데, 그 현장에 조국 전 장관이 나타났다. 반가웠다. 사회자가 그를 무대로 불러 올려 마이크를 건넸고 그는 덕담을 해주었다. 법무부는 이것을 다시 감찰의 소재로 삼았다. 나를 수사에 관여할 수 없는 처지로 만든 자들이 '현직 검사가 재판받는 자와 접촉하면 안 된다는 규정'을 들먹이며 감찰하겠다고 하니 황당할 따름이다. 그들은 조만간 이걸로 징계 건수를 늘려볼 계획을 세운 듯하다. 어떤 분은 징계 절차만 네 건을 혼자서 동시에 밟고 있는 상황이 기네스북 감이라고 우스갯소리를 한다. 맞대응하기가 귀찮긴 하겠지만 그렇다고 겁먹을 내가 아닌데 왜 이렇게 법무부는 헛수고를 아끼지 않을까?

진천 법무연수원 시절 마음이 답답한 날에는 4층에 있는 내 방을 나와 옥상으로 올라가곤 했다. 그곳에서 내려다보면 잔디밭에 나무를 심어 만든 '인권'이라는 큰 글씨가 보인다. 그런데 내 방에서 보면 '뒤집어진 인권'이다. 반대편에서 제대로 읽을 수 있게 심어두었기 때문이다. 사무실 창문으로 보이는 앞산은 이따금씩 안개로 뒤덮인다. 희뿌연 배경 속에 뒤집어진 '인권'이라는 글자가 더욱 가슴을 짓누른다. 앞날은 안개 속이고 인권은 뒤집어져 있다. 그럴수록 눈을 감고 심호흡을 한다. 비로소 인권과 정의가 바로 선다. 못 먹는 술이지만, 막걸리 한 잔을 쭉 들이켜며 하늘을 향해 "조호타"하고 싶었다.

그것은 쿠데타였다

김학의와 이성윤을 맞바꿔도
진실은 달라지지 않는다

나는 김학의 출금 관련 수사를 방해했다는 말도 안 되는 혐의로 기소되었으나 2023년 2월 15일 1심에서 무죄를 선고받았다. 그런데 그 무렵 고발사주 혐의로 공수처에서 기소하여 1심 재판 중인 손준성 검사에게는 검찰이 '감찰 무혐의'를 해주었다는 보도가 있었다. 반면 무죄를 받은 나에 대해서는 법무부가 징계위원회를 열겠다고 통보했다. 나는 참을 수 없었다. 페이스북에 이렇게 적었다.

〈윤석열 법무·검찰의 선택적이고 자의적인 헌법정신〉

2019년 검찰총장 취임 무렵부터 지금까지 윤석열 전 총장은 '헌법'을 외쳐오고 있습니다. 총장을 사퇴할 때에는 '헌법파괴'를, 대선에 출마해서는 '헌법정신'을 운운하더니, 당선 이후에는 각종 행사에서 어김없이 '헌법정신'이 등장하기 시작했습니다. 심지어 어느 전통시장을 방문해서는 "가슴으로 헌법정신을 느꼈다"고도 했습니다.

윤 전 총장이 항상 강조하는 우리 헌법은 평등의 원칙을 명시하고 있습니다. 본질적으로 같은 것을 자의적으로 다르게 취급하는 것을 금지하고 있습니다. 즉, "같은 것은 같게, 다른 것은 다르게" 취급하는 것이 대한민국의 헌법정신입니다.

작년 5월 고위공직자범죄수사처는 윤석열 전 총장 재직 시절 일어난 총선개입 의혹 사건(이른바 고발사주 사건)과 관련해서 손준성 검사를 공직선거법 위반, 공무상비밀누설 등의 혐의로 기소했습니다. 손준성 검사에 대한 1심 재판은 현재도 진행 중입니다.

그런데 대검이 지난 달, '손 검사에 대해 감찰한 결과 비위 혐의가 없다'고 결론을 내렸다는 보도를 접했습니다. 1심 재판이 끝나기도 전에 혐의 없다며 감찰 종결한 사례를 저는 검사생활 30년간 접해본 적이 없습니다. 통상 검사가 기

그것은 쿠데타였다

소되면 최종 재판결과가 나올 때까지 징계를 보류하는 것이 원칙입니다.

저는 김학의 출금 사건 수사를 방해했다는 도저히 납득할 수 없는 혐의로 기소되었으나, 아시다시피 올해 2월 15일 무죄가 선고되었습니다. 그런데 법무부로부터 5월 3일 오후 4시에 징계위원회를 연다는 통보를 받았습니다. 무죄가 선고되었는데도 징계절차를 진행하겠다는 것입니다.

윤석열 법무·검찰에 묻습니다. 검찰총장의 대권 직행이 헌법정신과 어울리는 행위인지 여부는 차치하더라도 이런 식의 자의적, 선택적 적용이 과연 헌법정신에 맞는 것인가요? 무죄가 선고되었는데 무슨 징계입니까?

재차 말씀드리지만 김학의와 이성윤을 맞바꾸고, 김학의와 이규원을 뒤섞어도 진실은 달라지지 않습니다. 검찰주의를 헌법정신으로 포장해도 본질은 달라지지 않습니다.

저는 징계위원회에 출석하지 않을 것입니다.

2023년 12월 1일 마침내 국회에서 손준성 검사가 탄핵되었다. 그는 2020년 총선 직전에 유시민 노무현재단 이사장과 최강욱 전 의원 등 당시 여권 인사에 대한 고발장을 국민의힘 김웅 의원에게 전달한 혐의로 재판을 받아왔다. 그는 이미 공수처로부터 징역 5년을 구형받은 상태였다.◆ 그가 전달한 고발장에는 윤석열 전 검찰총장의 가족비리를 지적하던 대표적인 당시 여권 인사들의 실명이 적혀 있었다. 그들이 고발됨으로써 이득을 볼 수 있는 자가 누군지 따져보면 이른바 고발사주 사건의 배후를 누구나 어렵지 않게 짐작해볼 수 있을 것이다.

◆ 손준성 검사에 대한 고발사주 의혹 재판은 2024년 1월 31일 1심 선고를 앞두고 있다.

그것은 쿠데타였다

사직서를 내다

2024년 1월 8일 마침내 나는 검사생활에 종지부를 찍었다.

31년 전 사법시험에 합격해 사법연수원에 입소한 나는 윤석열 전 검사와 같은 반 같은 조에 속했었다. 모질고 질긴 인연이 그렇게 시작된 것이다. 서울중앙지검장 시절에도 나는 윤석열 검찰총장이 사리에 맞지 않는 지시를 하면 맞서곤 했다. 공무를 집행하는 기관장에게 육두문자를 써가며 막말을 쏟아내던 그는 서울중앙지검장에서 고검장을 거치지 않고 검찰총장으로 벼락출세했고, 검찰총장에서 대권으로 직행했다. 권력을 잡기 위해 검찰조직을 이용한 셈이니 검찰에 대한 국민적 신뢰는 뿌리째 흔들렸다.

2023년 12월 28일 국회를 통과한 '김건희 특검법'이 용산에서 거부되었다. 가족비리를 수사하라고 통과시킨 국민의 명령을 대통령이 거부한 것이다. 너무나도 뻔뻔한 일이 아닐 수 없다. 만약 내가 서울중앙지검장 재직 중에 내 가족의 비리를 수사해달라는 고발이 들어온다면, '이건 수사거리도 안 돼' 하면서 거부할 수 있을까? 이해충돌이 발생하는 사안이므로 당사자인 나는 당연히 수사지휘를 회피해야 한다. 그것이 원칙이고 상식이다.

한동안 가라앉아 있던 응어리가 분노로 끓어오르더니 이윽고 나에게 행동을 요구했다. 나는 소명을 좇아 과감하게 사직서를 제출했다. 무도한 윤석열 검찰정권을 끝장내는 데 나름의 역할을 하겠다는 결심이다.

윤석열은 '김건희 특검법'을 거부하고 국회에 재의를 요구했지만, 재의결 전망이 그다지 밝지는 않아 보인다. 그렇다면 이참에 '종합특검'을 추진해야 한다. 도이치모터스 주가조작 사건은 물론이고 양평고속도로 특혜 의혹, 디올백 사건, 코바나컨텐츠 사건 등 국민적 의혹을 모두 수사하는 '김건희 종합특검'이 되어야 한다. 이것이 무너지는 국가의 기틀을 바로잡는 정의이고 시대정신이며 불공정한 공포정치로 피폐해진 민

그것은 쿠데타였다

생을 살리고 국민을 편안하게 하는 길이라고 믿는다. 나는 페이스북에 다음과 같이 사직의 변을 올렸다.

〈사직서를 제출하였습니다〉

민생이 파탄에 이르렀음에도 사람을 살리는 활인검(活人劍)이 아닌 살인도(殺人刀) 칼춤이나 추고 있는 윤석열 정권에게 묻습니다. 국민의 삶은 무엇입니까?

혈세 578억 원을 써대고선 순방이 곧 민생이라 주장하고, 정의와 공정의 화신인 양 온갖 레토릭을 쏟아내더니, 김건희 앞에서는 한없이 작아지기만 하는 윤석열 사단에게 다시 묻겠습니다. 정치란 무엇입니까?

정치의 본질은 민생을 돌보고, 잘못된 것을 바로잡는 정자정야(政者正也)일 것입니다. 용산궁 밖으로 나와 주변을 살펴보십시오. 국민들은 더 이상 사이비(似而非)에게 운명을 맡길 생각이 없습니다. 주권자인 국민이 느끼는 모욕감과 분노도 극에 달하고 있습니다.

저는 김건희 특검의 소명을 받게 된다면 결코 피하지 않겠다고 공개적으로 약속드린 바 있습니다만, 뻔뻔하게도 윤석열은 국민 70퍼센트가 찬성하는 특검법을 거부하였습니다. 그래도 잘못된 것을 바로잡고자 하는 노력을 멈출 수는 없을 것입니다. 하여, 이제는 직을 내려놓기로 했습니다.

저는 짓밟히고 허리가 꺾여도 기어이 꽃을 피우고 향기를 내는 야생화를 사랑합니다. 멀리서는 비슷해 보이는 풀꽃들도 다가가 자세히 보면 모양과 색깔이 다르듯이 검사도 다 같은 검사가 아닐 것입니다. 권력에 대한 욕심으로 조직을 이용하고 또 팔아먹은 자들을 용납할 수 없습니다. 국민의 편에 서서 소임을 다하고 있는 말 없는 검사들을 욕보인 자들을 용서할 수 없습니다.

앞으로 윤석열 사이비 정권을 끝장내고, 윤석열 사단을 청산하는 데 최선의 노력을 다할 것입니다. 그리고 최선봉에 설 것입니다. 많은 분들이 함께해주실 것이라 믿습니다. 감사합니다.

그것은 쿠데타였다

5부

진정한
검찰개혁의 길

숫돌에 낫날 세워 웃자란 풀을 베면
속수무책으로 싹둑! 잘려서 쓰러지지만
그 낫이 삼천리강토의 주인인 적 없었다

풀은 목이 잘려도 낫에 지지 않는다
목 타는 삼복 땡볕과 가을밤 풀벌레 소리,
맨살을 파고든 칼바람에 울어본 까닭이다

민병도 시인의 〈낫은 풀을 이기지 못한다〉의 일부다. 무도한 자들의 공격과 압력을 받을 때마다 이 대목을 되뇐다. 역사는 증명한다. 국민을 속일 수는 있어도 영원히 속이지는 못한다. 민초를 밟을 수는 있지만 그것도 잠시뿐이다. 한 줌도 안 되는 법비들이 난동을 부려도 그 가소로운 검으로는 결코 정의와 역사의 목을 칠 수 없다.

진단이 있으면 처방도 필요하다. 현실에 대한 나의 진단과 처방만이 정답이라고 생각하지 않는다. 하지만 현장에서 서른 해를 고민해온 이의 제안을 한 번쯤 진지하게 읽어준다면 눈 수술을 세 번이나 받으며 밤새워 글자를 새긴 나에게 큰 보람일 것이다.

수사로 보복하는 검사는 깡패다

균형과 비례, 공정과 상식을 외면하고 '제 식구 감싸기'와 '정적 죽이기'로 보이는 작금의 수사방식을 향해 쏟아지는 비판, 끝 모르게 추락하는 검찰의 명예를 생각하면 제대로 잠을 이룰 수 없다.

현재 검찰은 민생 사건보다는 보복수사에 집중한다는 비판을 받고 있다. 윤석열이 검찰총장 취임사에서 강조한 대로 지금의 '친윤 검사'들이 수사권을 사익이나 특정 세력을 위해서가 아니라 오직 국민을 위해서만 사용하고 있는지 묻고 싶다.

현재 검찰은 윤 전 총장 관련 채널A 사건 수사기록을 법무부에 제공했다는 이유로 나와 박은정 검사를 수사 중이다. 그뿐만이 아니다. 카투사 근무 시절 아들이 병가를 낸 것을 문제 삼아 추미애 장관을 겨눈 수사를 했다. 또 주야장천 야당 대표를 털어대고 있다. 이처럼 수사권을 남용하는 유치찬란한 행위들이야말로 보복수사가 아니면 무엇인가.

과거에는 검찰이 정권의 눈치를 보더라도 정치적 사건에 대해서는 최소한의 균형이라도 맞추려고 노력했다. 검찰은 문재인 정부가 출범하고 6개월 만에 청와대 수석에 대해 구속영장을 청구했다. 하지만 지금의 검찰이 감히 대통령실을 수사할 수 있을까?

"검사가 수사권 가지고 보복하면 그게 깡패지 검사입니까?"라고 말한 사람이 바로 윤석열 전 검찰총장이다. 지금의 검찰은 온갖 보복수사를 자행한다는 비판을 사고 있다. 참으로 부끄럽고 안타깝다. 검찰이 수사행위에 관해 의구심을 받고 있는 한 절대로 국민의 신뢰를 회복하기 어렵다. 가장 큰 피해는 다름 아닌 검찰에 부메랑으로 되돌아갈 것이다.

검찰의 가장 큰 자산은 '국민의 신뢰'다. 그것을 잃으면 사람들이 수사결과를 믿어주지 않는다. 제아무리 성실한 수사를 하더라도 헛수고가 되고 마는 것이다. 지금이라도 절제되고 균형 있는 수사를 통해 신뢰의 길을 찾아야 한다. 검주민

수(檢舟民水)라 했다. 검찰 또한 국민이라는 물 위에 뜬 배다.
그 진리마저 부인할 것인가.

추락한 헌법가치

2019년 7월 25일 서울중앙지검장이었던 윤석열이 검찰총장으로 취임하자 사람들은 여러 경로를 통해 그에 대한 평가를 내게 물어왔다. 나는 수사 실무자급에 해당하는 서울중앙지검장 정도는 모르겠는데, 총장으로서는 정말 부적절하다고 말해주었다. 내가 겪어본 검사 중에 가장 무모한 성격이고, 수사방법도 잔인하다고 그 이유를 설명했다.

그런데 그런 윤석열이 검찰총장으로 지명되었다. 대검 차장과 감찰부장이 사직서를 제출했다. 나를 포함해 윤석열과 같은 사법연수원 동기인 23기들은 서로 어찌해야 하나 고민하다가 우선 취임 후 인사조치를 지켜보기로 했다.

사법연수원 23기는 대부분이 그대로 유임되거나 전보되었다. 사직을 하는 동기는 거의 없었다. 나는 당시 대검에서 근무하고 있었는데, 법무부 검찰국장으로 자리를 옮기기 전까지 일주일 정도 윤석열의 참모로서 그와 동거(?)하면서 근무하게 되었다.

취임식이 끝나고 내가 물었다. "취임사는 어떻게 쓰셨습니까?" 그러자 그는 망설임 없이 답했다. "응, 내가 하룻저녁에 취임사를 일사천리로 써버렸지." 그 후로도 '헌법주의자' 윤석열은 기회가 있을 때마다 헌법을 언급했다.

사실 그때까지 검찰이나 검사들이 헌법을 논하거나 헌법에 관해 언급하는 경우는 드물었다. 헌법이 아니라 보통 헌법의 구체화법이라고 하는 형사소송법 같은 법률만이라도 잘 지키는 것이 당면 과제로 인식되는 분위기였기 때문이다. 따라서 이와 관련된 실무규정인 수사준칙이나 인권보호수사규칙, 공보규정을 잘 지켜야 한다는 생각이 지배적이었다. 헌법까지 수호하고 지켜야 한다는 생각은 정치권의 먼 이야기였고, 오히려 검사가 헌법을 자주 언급하면 '정치적'이라는 비판을 받을 수 있다는 자기검열 탓도 있었다.

가까운 것도 지키지 못하는 집단이 검사들 아니던가. 국민들이 검찰을 비판할 때도 헌법을 지키지 못해서가 아니라 법률이나 하위법규인 인권보호규칙이나 공보규정을 잘 지키지 않기 때문이다.

무슨 생각이었는지는 모르겠지만 윤석열은 취임사에서 '헌법 1조'를 언급했다. 2019년 7월 29일 〈김종배의 시선집중〉에 출연한 박성민 시사평론가의 분석에 나 역시 동의한다. 그는 이렇게 말했다. "헌법 1조를 인용하는 분들은 국민 대중의 강력한 지지를 원한다. 이런 용어는 그렇기 때문에 주로 정치인들이 쓰는 신호이고 자기의 정치적 미래에 계획이 있을 때 주로 이런 표현을 쓴다. 검찰총장이 이 표현을 썼을 때 받은 느낌은 검찰총장 이후까지도 생각하는 것 아닌가……."

내가 법무부에서 본 윤석열 검찰총장, 그리고 이전의 서울중앙지검장 윤석열은 과연 헌법의 수호자였을까? 헌법을 잘 지킬까? 최소한 자신이 취임사에 언급한 헌법가치를 지킬까? 꼬리를 무는 자문자답에 나는 잠을 설치곤 했다.

만일 그의 취임사대로 자신이 언급한 헌법가치를 제대로 지켰다면 나는 그를 믿고 응원했을 것이다. 하지만 현실에서 나는 끊임없이 그와 대립해야 했다. 윤석열의 우군이었던 언론이 나를 정치검사로 몰아세우는 것을 보면서 답을 얻었다. 그는 결코 헌법을 수호하거나 자신이 취임사에서 한 말을 지키려는 자가 아니다.

윤석열 전 총장이 '공정과 정의', '상식과 정의', '민생과 경제'를 말할 때마다 검찰총장 취임사가 생각이 나서 '웃픈' 마음이 앞선다. 때로는 그가 안쓰럽게 느껴지기도 한다. 윤석열식 공정과 정의는 사회통념상의 공정과는 전혀 다른 언어다. 법치를 언급할 주제가 안 된다면 최소한의 염치라도 있어야 하는데 그에게는 그조차 찾아볼 수 없다. 윤석열식 정의와 공정은 본질적으로 같은 것을 다르게 취급하는 것이며 내로남불과 동의어라는 것을 이제는 국민들이 다 안다.

나는 우리 헌법의 기본가치가 공정과 평등이라고 생각한다. 헌법가치는 법전 속에서만 최상위의 법으로 자리를 차지하는 것이 아니다. 국민의 생활 속까지 스며들어야 한다. 국민의 의식이나 합의된 의견이 헌법조문과 헌법정신에 부합하는 기능을 가져야 한다. 마치 헌법이라는 옷을 걸치고 있듯이 말이다.

헌법은 국가기관을 규율하는 준칙이 되어야 한다. 특히 업무상 국민의 자유와 인권을 직접 침해할 우려가 있는 검찰이나 경찰 등 수사기관은 물론이거니와 상위의 대통령까지도 규율하고 제어해야 한다. 이것이 진정한 민주주의다. 헌법이 구호에 그치지 않고 정치·경제·외교·국방 등 모든 국가의 작용은 물론이고 시민들 각각의 생활영역에도 살아 있는 규범으로 기능(이른바 헌법의 제3자적 효력)해야 하는 것이다. 그래야 시민들은 국가기관 특히 검찰의 헌법 위반 행위에 대해 저항할 수 있고 시정을 요구할 수 있다.

수사기관의 언론플레이는
피의자를 극단으로 몰고 간다

헌법 제27조 제4항에는 이렇게 명시되어 있다. "형사피고인은 유죄의 판결이 확정될 때까지는 무죄로 추정된다." 무죄추정의 원칙과 신속한 재판을 받을 권리는 국가권력이 시민의 신체를 함부로 구속하지 못하도록 보장하는 인간의 기본권이다. 그러므로 검찰이 특종에 목마른 언론을 이용해 특정인의 혐의사실을 유포하는 일은 금지되어야 한다. 그럼에도 불구하고 현실에서는 제1야당 대표에 대한 압수수색과 무리한 기소가 끝도 없이 전개되고 있다.

절제를 모르는 검찰의 권력 행사는 오히려 '그처럼 깨끗한 정치인이 없다'는 반증을 만들어주고 있다. 한번은 어느 식당에서 점심을 먹는데 옆 테이블에 앉은 노신사들끼리 나누는 대화가 내 귀에 들려왔다. 처음에는 의심했지만 수사가 길어지고 압수수색이 수백 번 이어져도 그럴듯한 증거를 못 찾으니 쳇바퀴 도는 듯한 뉴스에 지친 모양이었다. 그중 한 사람이 "나는 정치인 중에 이재명이 제일 깨끗하다는 생각이 들어"라고 속내를 드러내자 "옳거니" 하며 좌중이 거들고 나섰다. 판사보다 먼저 자기들끼리 결론을 내린 것이다. 이처럼 '뭔가 있겠지'에서 '도대체 언제까지 야당만 털어댈 것이냐'로 여론이 바뀌고 있었다. 나는 민심이란 결국 이렇게 흘러가는가 싶어 허를 찔린 기분이었다.

2023년 9월 27일 새벽 이재명 더불어민주당 대표의 구속영장이 기각되었다. 검찰이 수사팀을 꾸려 특정경제범죄가중처벌법 위반 등 혐의로 무려 1년 반 동안이나 수사를 진행한 끝에 청구한 결과였다.

평생토록 완전무결하게 살아가는 사람은 없다. 찌른 칼날을 계속 비틀어가며 그 정도로 털어대면 웬만큼 간 큰 사람도 견뎌낼 수 없을 것이다. 하다못해 어린 시절에 시골에서 참외 서리를 한 것도 몰아가자면 절도죄가 아닌가. 한잔 술에 젖어 논길에 오줌을 눈 노인도 처벌가치를 따져보지 않고 거칠게 몰아치면 간이 오그라들 것이다.

절제되지 못한 수사권을 남발하면 '무죄제조기'라는 오명이 따르게 마련이다. 무리한 기소 후에는 유죄판결의 비율이 현저히 떨어지므로 적당한 선에서 수사를 멈출 줄도 알아야 한다. 그런 경우에는 합리적인 설명이 가능하므로 결코 부끄러운 일이 아니다.

이재명 대표의 측근 중에 수사를 받다가 목숨을 끊은 사람이 여럿이라는 사실은 무엇을 의미하는가. 특정 언론과 정파에서는 그들의 죽음까지도 이재명 대표 책임으로 몰아간다. 하지만 검찰에 오래 몸담은 나는 그런 일이 어떻게 일어나는지 잘 알고 있다. 세상사는 과유불급(過猶不及)이요, 사필귀정(事必歸正)이다.

심지어 같은 직업을 가진, 그것도 현직 서울중앙지검장인 나에게도 혐의를 씌워 수사를 진행할 때는 그야말로 토끼몰이를 당하는 기분이었다. 2021년 정초부터 김학의 출국금지 사건의 화살이 엉뚱하게도 내게 꽂혔을 때였다. 사냥감으로 찍혀 포획당하는 절체절명의 상황이란 바로 그런 것이다.

정치검사들은 의도적으로 정보를 흘린다. 언론은 앞다투어 속보를 띄우고 기사에 언급된 대상이 범죄자라는 의심을 대중의 기억 속에 심어놓는다. 법적으로 금지된 피의사실공표를 아무렇지도 않게 저지르는 것이다. 그 또한 범죄가 된다는 사실은 그들의 머릿속에서 지워진 지 오래다.

그들은 이른바 언론플레이로 먹잇감이 된 피의자를 주변의 가족과 가깝게 지내던 지인들로부터 철저히 고립시킨다. 아내가 뉴스를 보고 "당신 설마 무슨 일 저지른 건 아니죠?"라고 물었을 때는 정말이지 앞이 캄캄해지고 내 발로 딛고 있는 방바닥이 밑으로 쑥 꺼지는 느낌이었다. 30년 검사생활을 한 나도 그러할진대 하물며 일반 피의자들이 그런 수사를 받을 때 느끼는 심신의 고통과 고립감이 어느 정도일지 상상하기도 어렵다. 정치검사들이 피의사실을 언론에 흘리며 장난질을 시작하는 순간 헌법은 땅바닥에 떨어진다.

심지어 일부 검사들은 사건 피의자의 극단적 선택이 발생할 때마다 자신들의 무절제하고 무도한 수사방식을 반성하기는커녕 적당한 희생양을 찾아 '남 탓'으로 돌리곤 한다. 이런 검찰이 인권을 논한다. 참으로 후안무치하고 부끄러운 일이 아닐 수 없다. 앞서 언급한 이선균의 죽음에 내가 각별히 애도를 표하는 이유도 이와 맥을 같이한다. 권력기관에 몸담은 자들이 이선균의 극단적 선택을 목도했으니 인권의 중요성을 인식하고 생각을 바꿀까? 글쎄다. 내 생각은 '아니올시다'에 가깝다. 썩은 권력은 스스로를 바꾸지 못한다. 곪은 상

그것은 쿠데타였다

처는 외과수술로 도려낼 수밖에 없다. 검찰개혁이 반드시 필요한 이유다.

윤석열의 자가당착

무도했던 검사 시절의 습관을 버리지 못한 것으로 보이는 윤석열은 권좌에 앉은 지 1년 반이 지나도록 거대 야당의 대표를 만나지 않는다. 자신이 속한 여당보다 더 많은 의석을 가진, 그리하여 절대다수의 국민을 대표하는 야당과의 만남을 거부하면서 국정을 제대로 이끌 수 있겠는가. 말로만 하는 협치는 협치가 아니다.

민주당 대표 이재명에게 사법리스크가 있어서 만날 수 없다는데, 그렇다면 주가조작 사건의 사법리스크가 있는 부인 김건희와 함께 해외순방을 다니는 자기모순을 무어라 변명할지 나는 알 수 없다. 외국 정상들의 눈에 주가조작 사건의 사법리스크가 있는 자가 어떻게 비쳐질 것인가. 그들이 한국인을 어떤 시각으로 볼지 상상만 해도 낯이 뜨거워진다.

아직 재판을 받지 않았으므로 그를 함부로 범죄자 취급하면 안 된다는 주장도 있다. 일리가 있다. 그렇다면 야당 대표도 법정에서 최종적으로 죄가 확정되기 전까지는 함부로 단정하면 안 된다. 더욱이 그것을 핑계 삼아 협치를 거부하는 정치는 졸렬할 뿐이다.

이쯤에서 혹자는 이렇게 반론을 펼 수 있겠다. 그는 재판 중인 피고인이 아니냐고. 평생토록 법을 다루는 일을 하는 나는 이렇게 되묻는다. 주가조작의 공범들이 이미 재판을 받고 있음에도 오직 김건희에 대해서는 감히 소환조사조차 못 하는 검찰의 행태가 이상하지 않느냐고. 그 흔해 빠진 압수수색은 다 어디에 쓰는 물건이냐고.

대한민국 헌법 제11조는 "모든 국민은 법 앞에 평등하다"고 선언한다. 그럼에도 불구하고 윤석열 검찰은 대단히 선택적으로 법을 적용한다. 무도한 권력의 하수인으로 전락해버린 일부 정치검사들은 수사와 기소를 남발하여 불평등과 불공정을 심화시킨다. 이것이 차별을 금지하는 헌법정신에 위배됨은 말할 필요도 없다.

특정 대학 출신 일부 검사들은 자신들이 대단히 유능하고 똑똑하다는 착각을 한다. 가관이 아닐 수 없다. 1999년 데이비드 더닝(David Dunning)과 저스틴 크루거(Justin Kruger)가 코넬대학교 학생들을 대상으로 한 조사는 우리에게 시사하는 바가 적지 않다. '더닝-크루거 효과'로 알려진 이 연구는 "무지는 지식보다 더 확신을 갖게 한다"라는 찰스 다윈의 말을 증명해준다.

무지한 자는 관심의 초점을 자신에게 맞춘다. 남과 비교하지 않으므로 자기확신이 강화되어 자신의 능력을 과대평가하기 쉽다. 그는 무모한 도전을 두려워하지 않는다. 그러므로 제 잘못을 알게 된 후에도 그 원인이 능력 부재였음을 인정하기 싫어한다. 무능한 자가 자신을 오해하여 오만해지는 이유다. 그는 과오를 저질러도 적당한 핑계를 만들어 덮어버린다. 곤경에 빠져도 상황을 인식하지 못한다. 그런 자가 권좌에 오르면 그가 지배하는 공동체가 위험에 빠지는 이유다.

반면에 충분한 지식을 갖춘 자는 관심의 눈을 주로 외부에 돌린다. 남과 비교하여 자신을 과소평가하는 경향성을 띤다. 그러므로 유능한 자는 남을 과대평가하여 스스로 위축되곤 한다. 그는 주변의 눈치를 보며 단호한 결정을 내리지 못하고 머뭇거리다가 결정적인 기회를 놓치기 쉽다. 그러므로 안타

그것은 쿠데타였다

까운 일이지만 무능하고 무지한 자가 오히려 유능한 자보다 먼저 기회를 잡기도 한다.

나는 집권자가 자신의 지식과 능력을 평가하는 근거로 특정 분야에 대한 수사경험을 내세우는 모습에 경악한다. 전문성을 요하는 정부의 주요 직책에 겁도 없이 검사 출신 측근들을 채워 넣는 저변에는 그런 믿음이 깔려 있는 것 같다. 주가조작 범죄를 수사해보면 금융 전문가가 되고, 부동산 사기범을 수사해보면 부동산 전문가가 되는가? 군대도 다녀오지 않은 전직 검사가 국방 전문가로 잔뼈가 굵은 사람들을 제쳐두고 "압도적으로 우월한 전쟁 준비를 해야 한다"라고 외쳐대는 시대에 우리가 살고 있다.

모든 정보가 손바닥 위에 들어오는 첨단 시대에 냉전의 낡은 이념으로 대립구도를 만들어 정적을 제거하려는 시도는 결코 성공하지 못한다. 그것이 전체주의적 발상이므로 더더욱 그러하다. 공산전체주의를 몰아내자고 외쳐대는 자는 전체주의의 개념이라도 알고 있을까. 자신이 온 나라를 전체주의적 야만의 국면으로 몰아가는 중이라는 것을 그 자신만 모르고 있다. 그러므로 야만과 오만은 쌍둥이다.

검찰정권의 탄생

검찰개혁을 외치기는 비교적 쉽다. 그러나 그것을 실천하기는 어렵다. 검찰조직에 몸담고 있으면서 정의감 하나로 변화를 추진하려던 나의 시도는 돈키호테의 무모함과 다르지 않았다. 자신의 모든 것을 걸고 최전방에서 몸을 던져야 하는 내부자에게 외부의 든든한 지원이 필요함은 말할 나위도 없다.

지난 정부에서 줄탁동시의 전략이 필수였음에도 앞장선 장수만 고립되어버린 안타까운 현실에 나는 가슴을 쳤다. 조국 장관, 추미애 장관뿐만 아니라 적진에서 포획된 내 처지는 말할 것도 없었다. 이미 카르텔을 형성한 검찰의 집단이기주의를 누르고 시대적 대의만을 좇아 개혁을 이끌기에는 중과부 적이었고 계란으로 바위치기였다.

검찰정권은 탄생했고, 우리는 막지 못했다. 문재인 정부는 불행의 싹을 정권 차원에서 과감하게 도려냈어야 함에도 그 러지 못했다. 그것이 내 업무와 능력의 한계를 넘어서는 일이 라 나는 더욱 괴로웠다. 하지만 나는 희망의 끈을 놓지 않는 다. 아직 늦지 않았다. 기회는 만들면 된다. 흔한 표현이지만, 늦었다는 생각이 들 때가 가장 이른 때일 수도 있다.

추진력을 다시 모을 때다. 하지만 시대를 뛰어넘는 철학적 근거가 뒷받침되지 않고서는 동력이 금세 고갈되기 마련이 다. 온 국민의 동의와 깨어 있는 시민의 동참이 뒷받침되어야 함은 물론이다. 조국 전 장관은 법률에 대한 해박한 지식과 철학을 갖추었음에도 법비들의 저항과 공격을 당해내지 못했 다. 이제 더 이상 깨어 있는 소수만을 앞줄에 세워두고 방치 하는 무능함과 안일함이 재현되어서는 안 된다.

나는 바닥부터 다시 다지는 심정으로 신발 끈을 고쳐 묶기 로 했다. 그러자니 사람에 대한 공부가 먼저였다. 인간의 기 본 심성을 제대로 파악하고 그 한계를 인정하지 않으면 오만 과 독선에 빠지는 일을 막을 수 없다. 더구나 힘을 가진 특정 집단이 무오류의 함정에 빠져 역사를 퇴행시키는 비극을 목

격하고 있지 않은가. 나는 잠시 호흡을 가다듬고 모든 변화는
자신으로부터 출발해야 한다는 소신을 재확인한다.

그것은 쿠데타였다

비리 검사들을 탄핵하라

헌법 제65조

제1항: 대통령·국무총리·국무위원·행정각부의 장·헌법재판
소 재판관·법관·중앙선거관리위원회 위원·감사원장·감사
위원 기타 법률이 정한 공무원이 그 직무집행에 있어서 헌
법이나 법률을 위배한 때에는 국회는 탄핵의 소추를 의결할
수 있다.

제2항: 제1항의 탄핵소추는 국회재적의원 3분의 1 이상의
발의가 있어야 하며, 그 의결은 국회재적의원 과반수의 찬
성이 있어야 한다.

제3항: 탄핵소추의 의결을 받은 자는 탄핵심판이 있을 때까지 그 권한행사가 정지된다.

그동안 직무유기로 일관하던 국회가 검찰개혁을 위해 작지만 의미 있는 성과 하나를 이루었다. 민주당 김용민 의원의 주도로 위에 제시한 헌법상의 책무이자 권한을 깨워 이윽고 작동시킨 것이다.

2023년 9월 21일 대한민국 국회는 재적의원 287명 중 180명의 찬성으로 검사 안동완을 탄핵했다. 특정 검사를 대상으로 한 탄핵소추안이 의결된 것은 대한민국 헌정사상 최초였다. 탄핵의 사유는 이렇다. 안동완 검사는 2014년 5월 서울시 공무원 간첩조작 사건 피해자 유우성 씨를 외환거래법위반으로 기소했다. 그 맥락을 살펴보면, 서울시 공무원 간첩 사건의 증거들이 조작된 것으로 밝혀져 검찰이 위기에 처하자 안동완은 이미 검찰이 2010년에 기소유예한 사건을 가져와 뒤늦게 보복성 기소를 했고, 이에 대해 대법원은 검찰의 '공소권 남용'을 인정했다. 2013년 유우성 씨는 탈북민 정보를 북한에 넘긴 혐의로 기소되었으나 무죄선고를 받았다. 그리고 수사와 기소 과정에서 증거를 조작해 법정에 제출한 검사들은 징계를 받았다. 물론 안동완 검사 본인은 그러한 목적을 부인

그것은 쿠데타였다

하고 있다고 한다.

위의 공소권 남용 사례처럼 검찰의 수사관행에 대한 법원의 제동은 앞으로 더 거세질 것으로 보인다. 피의자를 조사한 뒤 사건을 장기간 방치했다가 사정 변경이나 추가적인 수사의 필요성이 없음에도 불쑥 꺼내어 기소한다든가 중한 범죄 혐의가 무죄로 결론이 났는데도 별건으로 추가 기소하는 행위(기존의 중한 사건과 병합기소해 재판을 받을 수 있었음에도)는 사라져야 할 잘못된 관행이다. 피고인들의 법률적 안정을 위해서도 이제는 검찰의 무도한 시도에 제동이 걸릴 것으로 보인다. 안동완 검사의 탄핵이 검찰의 공소권 남용을 막고 정치적 중립성을 강화하는 계기가 되기를 기대한다.

바뀌지 않는다면
차라리 검찰을 없애는 게 낫다

민주주의 사회에서 발생하는 갈등은 오히려 자연스러운 현상이다. 사회적 갈등은 가급적 정치의 영역에서 해소되어야 마땅하다. 그럼에도 불구하고 검찰이 정치의 무대에 올라 칼춤을 추거나 갈등의 요소들을 다반사로 법정에 끌어다 놓으면 정치는 무력해지고 정치 본연의 역할은 사라진다.

2024년 총선 이후 정치권에 새로운 기류가 형성된다면 검찰개혁에 대한 열망이 다시 불붙을 것이다. 검찰이 집단이기주의를 버리지 못하고 정치검사들을 중심으로 단합하여 또다시 국민의 요구를 짓밟는다면 차라리 검찰을 없애는 게 낫다.

해체 후에는 지금의 검찰조직을 기소 및 공소유지 부서로 변경하면 된다.

검찰이 하던 각종 수사는 경찰과 중요 분야별 수사청으로 나누어 이관하되 경찰조직을 국가경찰과 지방경찰로 분리하고 상호 견제하도록 유도한다. 한편으로 공수처의 역량을 강화하여 검찰과 경찰의 비위를 막고 감시기능을 높인다.

검찰개혁의 목표와 절차

검찰이나 법원은 국민에게 든든하다는 안도감과 억울한 일을 당하지 않을 거라는 믿음을 줄 수 있어야 한다. 나와 내 가족, 이웃이 자신의 잘못에 비해 '지나친 처벌'을 받지 않을 거라는 수사 신뢰, 사법 신뢰가 필요하다. 너무도 당연한 이 목표를 달성하기 위해서는 장단기 로드맵이 필요하다. 내가 생각하는 검찰개혁의 목표와 절차는 다음과 같이 세 개의 트랙으로 추진되어야 한다.

첫째, 단기적으로는 윤석열의 배우자 김건희 사건부터 반드시 특검에 회부해야 한다. 이것은 당면 과제다. '검찰의 정치적 독립성과 중립성'은 검찰이 정치권이나 정부에 각을 세우면서 주장해오던 조직방어 논리다. 그런데 지금은 검찰과 정치가 한 몸이 되어 검찰의 정치적 중립성을 주장하는 검찰 구성원을 찾아보기 어렵다. 김건희 주가조작 사건 수사는 진전이 없어 보인다. 윤석열 검찰에 수사의지가 있는지 매우 의심스럽다. 앞으로도 소환조사는 하지 않을 것으로 판단된다.

2023년 4월 김건희 도이치모터스 주가조작 사건이 국회에서 패스트트랙으로 지정되었다. 2023년 12월 28일에 대장동 50억 클럽 사건과 함께 이른바 쌍특검법이 통과되었으나 대통령실은 곧바로 거부권을 행사하겠다고 발표했다. 그렇다면 국회에서 재의결을 해야 하므로 국회의원 3분의 2의 찬성을 얻어야 최종적으로 특검 수사팀을 만들 것이다. 나는 앞에서 암울한 전망을 언급하였으나 그렇더라도 절망할 필요는 없다. 단 1퍼센트의 가능성만 있어도 우리 국민은 성공을 만들어왔다. 2024년 4월 10일에 국회의원 총선거가 국민의 심판을 기다리고 있지 않은가. 진실은 밝혀내야 하며 반드시 드러나기 마련이다. 2024년 1월 5일 예상대로 윤석열은 특검법을 거부했다. 도대체 '특검을 거부하는 자가 범인이다'는 말은 누가 했는가! 향후 입법 환경이 다시 조성된다면 양평고속도로 사건, 디올백 사건 등 국민이 알고 싶어 하는 범죄의혹을 모두 수사하는 '김건희 종합특검'이 되어야 한다. 그것이 바로 정의이고 시대정신에 맞지 않겠는가.

둘째, 인적청산을 서둘러야 한다. '윤석열 사단'은 과거 전

그것은 쿠데타였다

두환 군사정권의 '하나회'와 비견될 정도로 반민주주의적 세력이 되었고 오래전부터 집단이기주의적 카르텔을 형성해왔다고 본다. 신속한 정치검사 척결이 필요하다. 차기 대선에서 진보적이고 개혁적인 정권이 들어서면 탄력을 받겠지만 그때까지 마냥 기다릴 수만은 없는 문제다. 국회가 공수처에 더욱 힘을 실어주고 필요한 법을 제정해서라도 이런 조직을 발본색원하는 데 총력을 기울여야 한다. 이른바 '검찰 카르텔'을 제거하기 위해 대검검사급(이른바 검사장) 보직규정을 폐지하는 것도 고려해볼 만하다. 인사조치를 통해 하루아침에 전두환의 하나회를 제거하던 방식은 불가능할지도 모른다. 그들이 '법기술'을 이용해 법령을 비틀어가며 버티면 개혁은 과거보다 차원이 다른 인내심을 요구할 것이다. 온 국민이 힘을 모아야 하는 까닭이다. 절대다수의 국민이 원하는 일이라면 헌법개정으로 대통령의 임기를 단축하여 검찰정권을 조기에 종식시키는 길도 있다. 총선 전의 특검이 실패하더라도 단지 시간문제일 뿐 민주주의를 향한 우리 국민의 열정은 식지 않을 것이다.

셋째, 수사제도를 재정비해야 한다. 어느 기관이 수사해도 동일한 결론이 나오는 시스템으로 수사과정을 투명화해야 한다. 수사와 기소는 반드시 분리해야 한다. 검찰 권한에 대한 견제와 균형이 필수요소이기 때문이다. 시민들이 형사법을 쉽게 알 수 있고, 한편으로는 압수수색이 남발되지 않도록 수사 관련 제도를 개선해야 한다. 피의사실공표 행위를 막을 수 있는 법적·제도적 장치 또한 마련해야 할 것이다.

공수처의 역할

제대로 기능하지 못하고 있는 고위공직자범죄수사처 역시 재정비할 필요가 있다. 공수처는 과거 '고위공직자비리조사처'가 모태인데 이름만 거창해졌을 뿐 이름값을 못한다는 지적이 많다. 인력 부족과 과도하게 밀려드는 사건 탓을 하지만, 수사는 사람 숫자로만 하는 것이 아니다. 오히려 담당 검사와 지휘부의 의지가 관건이다.

남을 처벌하는 검찰과 경찰 등은 비리를 저질러도 처벌받지 않더라는 시민들의 지적과 분노 때문에 공수처가 설치되었음에도 3년이 다 가도록 검사 비리를 엄단한 사례를 보았는가. 실인즉, 엄단이라는 단어도 내 귀에는 거북하다. 엄히 단죄한다는 것은 주제 넘는 발상이고 검찰 용어일 뿐이다. 검사는 착실하게 진실을 밝혀 기소하면 본분을 다하는 것이고 그에 상응한 단죄로서의 양형은 법원의 몫이기 때문이다.

판검사를 처벌하기 어려운 게 현실이다. 이들은 실존하는 힘을 가진 기관으로서 헌법상 무죄추정의 원칙에 기대어 끝까지 자리를 보전한다. 무엇보다 이 판검사들은 법률과 재판에 대한 지식과 정보를 일반인보다 손쉽게 얻을 수 있고 자신이 관련된 사건에도 적절히 대응할 수 있다. 수사나 기소도 쉽지 않고 이들에게서 유죄를 입증해내기는 더욱 힘들다. 따라서 현재의 공수처가 충분한 수사능력을 갖추려면 증원이 우선이다. 검찰의 방해와 수사과정에서의 오염을 막기 위해서라도 공수처가 제대로 자리 잡을 때까지 검찰 출신은 공수처 검사가 될 수 없도록 해야 한다.

수사기관의 견제와 균형

특정 기관에 의한 독점적 수사와 지휘는 금지시켜야 한다. 반드시 견제와 균형에 따른 조화가 중요하기 때문이다. 크게 검찰과 경찰 어느 기관이 수사를 해도 같은 결과가 나올 수 있는 시스템이 되어야 한다. 수사기관의 분산을 위해서는 특사경(특별한 사안에 한정하여 수사권을 갖는 사법경찰) 등이 필요하다. 일반 수사권도 경찰에만 몰아주는 것보다는 분야별로 분산할 필요가 있다. 경찰조직을 분리해서 국가경찰과 지방경찰이 형식뿐만 아니고 실질적 권한까지도 대등한 위치에서 수사할 수 있게 해야 한다.

검찰은 본래의 설치목적에 맞게 '인권보호를 위한 지휘'를 주된 임무로 삼아야 하며 수사와 기소는 분리되어야 한다. 수사하는 기관이 기소까지 하게 되면 인간의 본성에 따른 확증편향의 문제가 발생하기 마련이다. 특히 수사능력이나 결과가 승진 등의 인사와 연결되는 구조에서는 더욱 그렇다. 이런 개혁이 어렵다면 용기 있는 불기소가 존중받을 법적 장치를 별도로 만들어야 한다.

형사법 절차의 혁신

시민이 안심하는 형사법 절차가 필요하다. 우리나라의 수사 절차는 기본적으로 과도기적 체제다. 최근 검찰과 경찰 간에 수사권 조정이 있었다고 해도 여전히 근본적인 변혁은 보이지 않고 70년 전의 과도기적 형태가 더 고착화되고 있다. 특히 정치적 논란이 있는 사건의 수사 개시, 진행, 종결에 대한 시민의 통제가 필요하다. 일단 기소되어 법정에 서면 시간이 오래 걸린다. 지루하고 비용도 많이 들어간다. 나중에 몇 년이 걸려서 무죄가 되어도 억울한 자에게는 그 누구도 관심을 주지 않는다.

이제 수사 체계를 근본적으로 바꿀 때가 되었다. 그러기 위해서는 형사법 체계부터 바꿀 필요가 있다. 수사만 30년을 한 내가 보아도 형사소송법은 어렵다. 형사소송법이 아니라 하위법령에 상당부분 위임되거나 법무부 시행령과 규칙 또는 검찰에 의해 규율되는 수사절차는 오랫동안 변호사 활동을 해온 법조인도 잘 모른다.

나의 경험을 하나 소개한다. 사업을 하는 지인이 수사를 받게 되었다. 그는 자신을 도와줄 변호사도 선임했다. 어느 날 피의자가 된 지인의 휴대전화가 압수수색 대상이 되었는데, 수사기관에서 휴대전화 잠금해제를 위해 비밀번호를 제출하라고 했다. 선임한 변호인에게 비밀번호를 알려줘야 하느냐고 물었지만 그는 즉석에서 답을 주지 못했다. 그래서 디지털 수사 경험이 많은 다른 변호사에게 자문을 구했더니 당장 알려줄 의무는 없다고 했다. 그런데 그 피의자는 이미 비밀번호를 알려주었단다.

디지털 압수수색 과정에 변호사도 참여하도록 되어 있지만 웬만한 실무능력을 갖추거나 디지털 수사를 해보지 않으면 잘 모르는 경우가 많다. 그러니 일반 시민들이 압수수색을 받게 되면 얼마나 당황할까? 변호인을 구해보려고 수소문할 때쯤이면 이미 자신을 방어할 수 있는 기회를 상실한 상태일 가능성이 높다.

수사든 재판이든 절차를 잘 알고 있으면 대응할 수 있다.

있는 죄를 없는 것으로 하자는 말이 아니다. 수사기관의 과잉 수사나 피의자의 막연한 두려움은 법규를 잘 모를 때 더 심하게 일어난다. 무지한 사람에게 겁박도 잘 통한다. 몰라서 당하는 일이 많은 것이다. 모르기에 답답하고 앞이 보이지 않으니 심지어 극단적 선택까지 하는 것 아닐까.

현대 수사의 총아는 역시 디지털 수사다. 회계 수사도 결국은 디지털 수사이므로 디지털 수사가 승패를 좌우한다. 수사의 알파와 오메가인 것이다. 디지털 흔적을 추적하는 일은 세계 어느 나라 수사기관이나 꼭 거쳐야 하는 수사절차다. 그만큼 휴대전화는 일상화된 반면에 이를 규제하는 절차는 제도화된 것 같지 않다. 수사를 받는 사람들이 변호인 없이도 스스로 대응할 수 있을 만큼 시스템을 갖출 필요가 있는 것이다. 과거 아날로그 시대에는 '정보'가 곧 힘이었다. 그래서 정보를 쥔 수사기관은 대응절차를 모르는 피의자에게 직접 접근해 원하는 자료나 진술을 쉽게 얻었다. 디지털 시대에는 개인의 정보와 대부분의 사생활이 디지털기기에 기록된다.

그러면 어떤 방향으로 형사법 체계를 개혁해야 할까. 내가 직접 몇 년째 수사와 재판을 받아보니 개선할 점이 더욱 명확하게 보인다. 답은 간단하다. '시민들이 안심하고 수사를 받을 수 있는 형사절차'를 마련하는 것이다. 항간에 검찰개혁을

그것은 쿠데타였다

주장하는 사람은 많으나 피부에 와 닿는 개혁방안은 찾기 어렵다는 비판이 있다. 그리하여 입에 발린 구호나 거대 담론보다는 실제 수사현장에서 시급하게 개선이 필요한 몇 가지 구체적인 방안을 제시하고자 한다.

첫째, 휴대전화 압수 등 '자판기 영장' 제도를 획기적으로 바꿔야 한다.

시민들이 압수수색을 받을 때, 법률에 어떻게 규정되어 있는지 알아야 방어를 하고 대응도 할 수 있다. 지금은 관련규정이 형사소송법에 있는 몇 개 조문뿐이고 그것도 수사기관에 관한 규정이 대부분이다. 게다가 중요한 법적 절차를 법무부나 대검의 행정규칙(훈령 등)으로 규율하는 경우가 많다.

압수수색제도는 너무 허술하고 디지털 시대의 변화를 반영하지 못하고 있다. 특히 전가의 보도처럼 마구 사용하고 있는 디지털기기 압수수색제도를 정비해야 한다. 영장의 청구, 발부와 집행에 관한 상세한 통제가 필요하다. 지나치게 효율성만을 강조하다 보면 수사과정에서 시민들의 참여가 봉쇄되기 마련이다. 인권이 무시되어도 하소연할 길이 없다. 수사단계를 지나 기소가 되고 재판에 회부되면 개인이 입을 폐해를 시정하기에는 이미 늦어버린다.

휴대전화가 압수되었다고 생각해보라. 온라인 금융거래는

물론이고 지인들과 소통할 길조차 없는 암흑천지가 된다. 휴대전화가 신체, 즉 두뇌의 일부가 된 요즘에는 배우자와 자녀들의 전화번호도 외우지 못하는 사람이 많기 때문이다. 수사기관은 수사를 이유로 휴대전화를 곧바로 돌려주지 않으므로 빼앗긴 사람은 고립무원의 처지가 된다. 이윽고 일상이 정지되는 것이다.

먼 과거로 돌이켜 보면 인류는 집단생활을 하며 환경에 적응하고 문명을 발전시켜왔다. 그러므로 특정인을 집단에서 고립시키는 형벌은 효과가 매우 크다. 무리에서 이탈되는 순간 포식자의 먹잇감이 된다는 본능적 공포심을 되살려놓기 때문이다. 교도소에서도 말썽을 부리는 수형인은 독방에 가둔다. 벌을 가중시키는 효과가 있기 때문이다. 이것이 동서고금을 막론하고 유배형으로 죄인을 다스려온 이유다. 인구가 늘어나고 섬이나 외딴 지역 등 마땅한 유배지를 찾기 어려워지자 지배자들은 관리가 손쉬운 곳에 죄인을 고립시킬 목적으로 마침내 도시형 유배지를 구상하게 되었다. 그리하여 담을 높이 쌓은 교도소는 현대인을 사회와 격리하여 고통을 주려는 목적을 넉넉히 충족시킨다.

이제 휴대전화 압수 문제로 이야기를 되돌려보자. 특정인의 휴대전화를 압수하면 그가 속한 집단으로부터 고립시키는

그것은 쿠데타였다

효과가 즉시 발생한다. 감방에 넣기도 전에 유배의 형벌이 내려진다. 누구든지 재판을 통하지 않고는 처벌받지 않는다는 헌법상의 기본권이 유린된다. 죄가 밝혀지기도 전에 수사의 초기 과정에서 무거운 형벌을 내리는 모순이 발생한다. 물리적 감옥에 앞서 정신적 감옥에 갇힌 수형자가 되는 것이다.

휴대전화 본체를 그대로 압수해 가는 것은 극히 예외적이어야 함에도, 오히려 현실은 반대로 그것이 원칙이 된 것처럼 보인다. 따라서 기술의 발전에 발맞추어 향후에는 휴대전화 자체를 압수하는 대신, 현장에서 법원이 영장으로 허가한 특정 데이터만을 추출하도록 제도 정비를 추진할 필요가 있다.

검찰과 경찰에 압수수색에 관한 규정이 있기는 하나, 너무 검찰과 경찰 편의적이다. 일반인들은 압수수색으로 피해를 입어도 하소연할 길이 없다. 공무집행이므로 더욱 그러하다. 압수수색이 주는 위압감이나 공포감은 당해보지 않은 사람은 알 수 없다. 압수수색을 거부하거나 집행을 막으면 공무집행방해죄가 된다며 법원의 명령을 내세우는 겁박에는 어찌할 도리가 없다.

어떤 기자는 자신의 집을 압수수색 당하는 과정에서 속옷을 뒤지는 수사관들에게 모욕감을 느꼈다고 했다. 압수수색을 하러 들어온 수사관들이 그 자리에서 자장면을 시켜 먹거나, 자치단체를 압수수색하면서 아예 그 자리에 사무실을 차려놓았다는 보도가 있었다. 이렇게 하면 어떤 시민이 수사기관을 신뢰하고 압수수색의 정당성을 인정하겠는가. 수사기관이 자체적으로 마련해 시행 중인 규정들도 모두 국회 차원에서 법률로 통제해 시민 편의적으로 변경해야 한다. 범죄수사는 할 수 있도록 하되 악용을 막아야 하기 때문이다.

또한 압수수색 사실이 공개되지 않도록 제도를 정비해야 한다. 밀행성이 강조되어야 할 압수수색이 마치 겁을 주는 수단이나 수사 개시의 신호탄으로 여겨지는 현실이다. 많은 국민들이 압수수색의 공포에 휩싸인 듯하다. 시급히 개선되어야 할 부분이다.

압수수색영장 청구는 검사만 할 수 있도록 헌법에 명시되어 있다. 그래서 1차 수사기관은 검찰을 경유해서 법원에 압수수색영장을 청구한다. 그런데 '양평공홍지구 개발특혜의혹' 수사와 관련하여, 경찰이 신청한 김건희 씨 오빠에 대한 휴대전화 압수수색영장을 검찰이 막았다는 보도가 있었다. 헌법개정을 요하는 사항이기는 하지만, 장기적으로는 1차 수사기관이 직접 법원에 압수수색영장을 청구할 수 있도록 제도를 정비할 필요도 있다.

특히 압수수색 과정에서 법원의 견제기능이 발휘되도록 제도를 정비해야 한다. 현재는 법원이 압수수색을 제대로 통제하지 못한다는 국민적 비판이 있다. 나는 이러한 상황이 초래된 것은 현재의 제도적 한계 때문이라고 생각한다. 현행과 같이 서면으로만 압수수색의 사유 및 필요성을 검토하면 법원이 수사기관의 압수수색을 제대로 견제하기 어렵다. 수사기관의 압수수색 과정에서 발생할 수 있는 인권침해나 권한남용 등을 막기 위해 법원이 제대로 기능할 수 있도록 반드시 제도를 정비해야 한다.

둘째, 국민이 알기 쉽게 형사소송법 체계를 확 바꿔야 한다.

현재의 형사소송법은 재판에 관한 절차를 먼저 규정하고 이를 수사절차에 준용하고 있다. 형사소송법은 헌법이 구체화된 법인데 시민들이 찾아보기에 너무 복잡하고 어렵다. 준용조문이 지나치게 많아 법률을 오랫동안 공부한 전문가조차 이해가 쉽지 않다. 그러기에 일반 시민들의 접근은 더더욱 어려운 현실이다.

일단 형사소송법을 수사법과 재판법으로 구분해서 시민들이 수사법을 쉽게 이해하도록 '친절한 소송법'이 되어야 한다. 그래야 수사기관이 법에 맞게 제대로 수사하는지도 쉽게 확인할 수 있다.

수사와 기소를 분리해야 한다. 수사하는 사람이 기소까지

하게 되면 앞에서 언급한 확증편향 탓에 자칫 피의자에게 유리한 자료를 간과할 수도 있다. 이건 '99명의 범인을 놓치더라도 1명의 억울한 사람을 만들어서는 안 된다'는 형사법의 대원칙에도 반한다.

셋째, 수사기관의 불기소를 감시, 통제해야 한다.

'수사기관의 진정한 힘은 기소가 아니라 불기소에 있다'는 말이 있다. 재판에 넘겨야 할 피의자를 아예 법정에 서지도 않게 해주는 불기소 권한이야말로 힘 있는 자들이 정말 원하는 것 아니겠는가. 따라서 수사기관의 불기소 권한도 강력히 통제되어야 한다. 불기소를 통제하는 제도로 재정신청과 헌법소원 등이 있기는 하지만 수사 자체를 부실하게 하면 아무런 소용이 없다.

피의자 신문 후 계속 수사를 하지 않으면서도 특별한 사유 없이 사건을 처분하지 않고 오랫동안 그대로 가지고 있는 것도 통제되어야 마땅하다. 또한 수사기관에서 조사를 마친 후에도 처분을 하지 않은 채 같은 내용으로 '잊을 만하면 불러대는' 것도 이제는 마땅히 지양되어야 한다. 수사가 종결되지 않고 마냥 시간을 끌게 될 때, 죄 없는 피의자와 그 가족이 받는 고통은 시간이 갈수록 악몽 그 자체가 되기 때문이다.

현재 검찰에 설치된 시민위원회나 수사심의회는 유명무실

그것은 쿠데타였다

하다. 그 기능을 제대로 할 수 있으려면 직접 수사기록을 살펴보고 실질적 심사권을 갖는 기구가 되어야 한다. 또한 검찰이 아니라 법률에 근거한 제3의 기관에 설치되어야 한다.

한편으로는 정당이나 시민단체(심지어 1인 시민단체)가 제기하는 무차별 고소나 정치적 고발 역시 적절히 통제되는 게 바람직하다. 그래야 수사가 남발되거나 남용되지 않는다.

윤석열 정부가 들어선 지 3년 차를 눈앞에 두고 있다. 한때 그가 공정과 상식을 외쳤기에 유권자들의 기대도 적지 않았을 것이다. 그러나 준비되지 않은 권력은 종잡을 수 없는 방향으로 튕겨 나가고 있다. 이제 그를 민주적 통제의 범주 안으로 되돌려놓을 필요가 있다.

우리는 정치군인들이 망나니 칼춤을 추던 시절을 견디고 기어이 민주화를 이뤄냈다. 정치군인들과 그들의 무도함을 막기 위해 목숨 바친 군인들은 결코 같은 군인이 아니었다. 권력에 대한 욕망으로 검찰조직을 이용한 정치검사들과 그들에게 탄압을 받으며 검찰개혁을 추구한 검사들은 구분되어 마땅하다. 이제 검찰도 국민의 품으로 되돌려놓을 때가 되었다.

아무리 짓밟혀도 꽃을 피우는 야생화처럼

얼마 전 나는 아내와 함께 야생화를 찾아 산길을 다니며 찍어둔 사진들과 틈틈이 메모해둔 글을 정리하여 첫 책《꽃은 무죄다》를 냈다. 한편, 청춘을 바친 검찰에서의 무수한 경험들은 나의 성장기와 묶어 지금 이 책에 따로 모았다. 가슴속에 묻어두었던 응어리를 풀다 보니 어느새 생애 두 번째 책이 나오게 된 것이다.

연이어 탄생하는 두 갈래의 이야기가 비로소 짝을 이루었다. 앞선 책이 은유법을 통해 꽃무늬 포장지로 감싼 속이야기였다면, 그 뒤를 따른 이 책은 읽는 이에게 좀 더 직설화법으로 다큐멘터리처럼 다가설 듯하다. 이 글을 쓰는 동안 힘든 기억들이 이따금씩 나를 몸서리치게 했지만 그때마다 내게 위안을 주던 꽃들을 떠올렸다. 그리하여 이 글도 내가 사랑하는 야생화 이야기로 마무리 지으려 한다.

　야생화는 아무리 짓밟혀도 제자리에서 때를 맞춰 기어이 꽃을 피운다. 복수초는 언 땅에서도 피어날 준비를 하고, 노루귀는 그늘진 땅에서도 두껍게 덮인 낙엽을 뚫고 제 몸을 굳세게 밀어 올린다. 무도한 세력이 제아무리 망나니 칼춤을 춰도 들꽃의 향기가 만 리에 퍼지는 날, 마침내 그들의 시간도 끝날 것이다.

　자연의 인과법칙을 외면하는 자들의 무도함으로 체감온도가 더욱 떨어지는 겨울이다. 언 땅 밑에서 자신을 단련하여 얼음을 뚫고 피어나는 복수초의 기운으로, 나는 장수와 복을 빌어주는 마음 따뜻한 분들과 더불어 이 겨울을 이겨내려 한다. 따뜻한 봄날의 황홀한 야생화를 기다리는 마음으로…….

그것은 쿠데타였다

흔들리는 헌법, 윤석열과 정치검찰

1판 1쇄 펴낸날 | 2024년 1월 31일

지은이 이성윤
펴낸이 오연호
편집장 서정은 마케팅·관리 이재은

펴낸곳 오마이북
등록 제2010-000094호 2010년 3월 29일
주소 서울시 마포구 월드컵로14길 42-5 (04003)
전화 02-733-5505(내선 271) 팩스 02-3142-5078
홈페이지 book.ohmynews.com 이메일 book@ohmynews.com
페이스북 www.facebook.com/Omybook

책임편집 서정은
교정 배영하
디자인 여상우
인쇄 천일문화사

ⓒ 이성윤, 2024

ISBN 978-89-97780-57-0 03300

오마이북은 오마이뉴스에서 만드는 책입니다.